“十二五”国家重点图书

25

财政政治学译丛

刘守刚　魏　陆　主编

上海高校智库
上海财经大学公共政策与治理研究院

War, Wine, and Taxes
The Political Economy of Anglo-French Trade, 1689–1900

战争、葡萄酒与关税

1689—1900年间英法贸易的政治经济学

约翰·V.C. 奈（JohnV. C. Nye）　著
邱　琳　译

上海财经大学出版社

图书在版编目(CIP)数据

战争、葡萄酒与关税:1689—1900年间英法贸易的政治经济学/(美)约翰·V. C. 奈(John V. C. Nye)著;邱琳译. —上海:上海财经大学出版社,2022. 12
(财政政治学译丛)
书名原文:War, Wine, and Taxes: The Political Economy of Anglo-French Trade, 1689—1900
ISBN 978-7-5642-4056-1/F·4056

Ⅰ. ①战… Ⅱ. ①约… ②邱… Ⅲ. ①国际贸易-贸易史-研究-英国、法国—1689—1900②政治经济学-研究-英国、法国 Ⅳ. ①F755. 619②F755. 659③F0

中国版本图书馆CIP数据核字(2022)第184686号

图字:09—2022—0934号

War, Wine, and Taxes
The Political Economy of Anglo-French Trade, 1689—1900
John V. C. Nye

□ 责任编辑　李成军
□ 封面设计　张克瑶

战争、葡萄酒与关税
——1689—1900年间英法贸易的政治经济学

约翰·V. C. 奈
(John V. C. Nye) 著
邱　琳　译

上海财经大学出版社出版发行
(上海市中山北一路369号　邮编200083)
网　址:http://www.sufep.com
电子邮箱:webmaster @ sufep.com
全国新华书店经销
上海华业装璜印刷厂有限公司印刷装订
2022年12月第1版　2022年12月第1次印刷

710mm×1000mm　1/16　11印张(插页:2)　168千字
定价:68.00元

总 序

成立于2013年9月的上海财经大学公共政策与治理研究院，是由上海市教委重点建设的十大高校智库之一。通过建立多学科融合、协同研究、机制创新的科研平台，围绕财政、税收、医疗、教育、土地、社会保障、行政管理等领域，组织专家开展政策咨询和决策研究，致力于以问题为导向，破解中国经济社会发展中的难题，服务政府决策和社会需求，为政府提供公共政策与治理咨询报告，向社会传播公共政策与治理知识，在中国经济改革与社会发展中发挥"咨政启民"的"思想库"作用。

作为公共政策与治理研究的智库，在开展政策咨询和决策研究的同时，我们也关注公共政策与治理领域基础理论的深化与学科的拓展研究。特别地，我们支持从政治视角研究作为国家治理基础和重要支柱的财政制度，鼓励对财政制度构建和现实运行背后体现出来的政治意义及历史智慧进行深度探索。这样一种研究，著名财政学家马斯格雷夫早在其经典教材《财政理论与实践》中就命名为"财政政治学"。但在当前的中国财政学界，遵循马斯格雷夫指出的这一路径，突破经济学视野而从政治学角度研究财政问题，还比较少见。由此既局限了财政学科自身的发展，又不能满足社会对运用财税工具实现公平正义的要求。因此，有必要在中国财政学界呼吁拓展研究的范围，努力构建财政政治学学科。

"财政政治学"虽然尚不是我国学术界的正式名称，但在国外的教学和研究中却有丰富的内容。要在中国构建财政政治学学科，在坚持以"我"为主研究中国问题的同时，应该大量翻译西方学者在该领域的内容，以便为国内财政学者从政治维度研究财政问题提供借鉴。呈现在大家面前的丛书，正是在上海财经大学公共政策与治理研究院资助下形成的"财政政治学译丛"。

“财政政治学译丛”中的文本，主要从美英学者著作中精心选择而来，大致分为理论基础、现实制度与历史经验等方面。译丛第一辑推出10本译著，未来根据需要和可能，将陆续选择其他相关文本翻译出版。

推进“财政政治学译丛”出版是公共政策与治理研究院的一项重点工程，我们将以努力促进政策研究和深化理论基础为己任，提升和推进政策和理论研究水平，引领学科发展，服务国家治理。

胡怡建

2015年5月15日

前　言

经济史学家在学术界的地位向来不太稳固。在历史学和经济学的不同研究要求中左右为难，经济史学家往往难以找到一个能被两者共同接受的结合点：历史学强调档案研究、复杂文本分析，致力于找到来龙去脉；而经济学则强调技术语言和结构，注重统计技巧的充分利用，并声称仿效自然科学。众所周知，在北美经济史学界，经济学和社会科学的精确性已经主导了研究方法论。四十多年前，“新经济史学”（计量经济史学）的出现凸显了这一研究重心的转移。新经济史学试图将经济学模型及对假设的统计学检验，与传统经济史学家所做的描述性工作结合起来。其背后的理念是，严谨的假设检验能为经济增长及现代工业经济发展的动因带来更精确可靠的理解。相比之下，历史学家描绘的某些宏大图景似乎不过是含糊不清的叙事。

然而变革的道路并非一帆风顺。许多历史学家选择刻意无视这一新兴领域的研究——他们常常对提出的各种假设不予理会，觉得它们无关紧要或是无历史意义。除此以外，计量经济史学家则发现自己囿于学术市场对经济学家的要求。假使经济史学的每一项研究工作都要套用现有的数学模型，并以其为框架，或者都用来考察某项已被详尽阐释的假说是否经得起量化检验，那么经济史学家能够提出的课题将受限于更广泛的经济学界的条条框框。此外，新古典主义经济学——至少在1960年前后的研究中——所认可的理论模型的范围远小于我们今日所见，而这一事实也制约着经济史学家。第一代计量经济史学家的研究局限于社会科学检验的狭隘范畴，但也受惠于更关注长期问题的前代历史学家所提出的命题。由于无法自由选择与前辈所提出的同等重要的历史课题，后代学者们发现自己的工作局限于那些易于融入传统应用经济学研究范式的课题。由此也产生了极其糟糕的后果，使得这一研究领域在经济学内部被进一步边缘化——如果经济史学仅仅是应用经济学，那它又能提出什么特有的主张，以作为一门独立学科来指导所有的经济学家呢？

幸运的是，整整一代学者对众多学科领域的研究所产生的价值，重新唤起了人们对更广泛的历史及制度问题的兴趣（这些领域不仅包括经济史学，也涉及产权理论、交易成本经济学、法学，以及政治经济学中的公共选择革命），及对找出那些更易于检验的计量经济史论断的渴望。值得一提的是，道格拉斯·诺斯（Douglass North）领衔了或被称之为"新制度经济史"的学说，并倡导分析性或制度性叙述的应用。在这种叙述中，描述性历史与更广泛的分析结构相互作用。这一分析结构使得我们在思考更长期的政治经济演变时，能尽力将较精密的量化研究所呈现的众多静态片段串联起来。

笔者简要回顾了这段历程，旨在解释本书构思的演变。起初笔者接受了计量经济史学的训练，认为自己的工作就是挖掘历史数据，恰当地使用数据检验确切的假说，或是阐述反设的事实，以增强人们对于某一历史事件或进程的理解。十多年前当笔者开始这份工作时，最初的兴趣在于从法国的角度分析英法贸易进程，充分运用统计学和计量经济学推理勾勒两国之间的贸易模式，并研究跨海峡贸易的政治环境改变时该贸易模式的反应。然而在研究过程中，通过笔者早前已开始积累的大量关于英法历史的笔记，一个更宏大的故事逐渐浮出水面。

笔者发现19世纪的英国并不完全是教科书中所宣扬的"自由贸易者"，同时也好奇为何这一事实被忽视了如此之久。在这两点想法的驱使下，笔者关注英法间竞争激烈的酒类贸易的历史。笔者对于酒类贸易的研究最终形成了这本书，它不单是一部经济史，也包含了笔者对于财政与商业政策间的复杂互动，以及对现代国家兴起历程中国际政治上战略利益问题的诸多思考。

起初这只是一项狭隘的研究，仅关注几个确切的议题，而后演变成了一项宏大得多的叙事，涉及历史学、经济学、政治学，以及贸易政策或总体贸易自由化中的政治经济学。我同其他许多著述者一样，受到道格拉斯·诺斯和巴里·温格斯特（Douglass North and Barry Weingast，1989）所做的开创性研究的启发。他们的研究认为，光荣革命后的制度创新使得英国能够施行增税，并因此以优惠利率获得更多的借款，从而在18世纪实现急剧的扩张。尽管笔者对他们的研究非常敬佩，但经过自己的研究，笔者却对他们解释的某些方面产生了质疑，尤其是仅靠制度创新并不足以解释英国史无前例的税收和支出能力。作为对诺斯和温格斯特的研究的补充，本研究展示了当时的政治经济变革使得英国政府不仅提高了税率，更重要的是有效地增加了总财政收入（该区别在历史文献中经常被忽略）。此外，笔者还对这些政策是否明智表示怀疑，认为它们可能对英国的经济政策产生了非常不利的影响。事实上，尽管英国有能力增加财政收入，但它在经济上是否成功还是值得商榷的。

笔者应该感谢道格拉斯·诺斯在本书酝酿的漫长过程中给予的无私支持。诺斯对手稿进行了多次阅读和评论。尽管笔者在努力撰写自己的论文的过程中不时挑战他的观点，但他仍与我进行友好的争辩。笔者对他深表感激，可能无以为报。

在本书撰写过程中，笔者还受益于编辑乔尔·莫基尔（Joel Mokyr）富有深度的评论和批评。他跟踪这项研究多年。笔者还要感谢迪尔德丽·麦克洛斯基（Deirdre McCloskey），他对初稿提出了详细的意见。

感谢莫卡特斯中心（Mercatus Center）给笔者提供的机会。2004 年，保罗·爱德华兹（Paul Edwards）组织了一次研讨会，专门讨论诺斯和莫基尔的建议，还有来自菲尔·霍夫曼（Phil Hoffman）、约翰·沃利斯（John Wallis）、巴里·温格斯特、艾夫纳·格雷夫（Avner Greif）、皮特·波特克（Pete Boettke）、杰克·戈德斯通（Jack Goldstone）、琳恩·基斯林（Lynne Kiesling），以及来自莫卡特斯中心和乔治·梅森大学的其他与会者的意见。

多年来，笔者也受益于许多人的意见和建议，包括但不局限于李·贝纳姆（Lee Benham）、诺曼·斯科菲尔德（Norman Schofield）、苏库·金（Sukkoo Kim）、弗朗索瓦·克鲁泽（Francois Crouzet）、马克·弗兰德鲁（Marc Flandreau）、艾伦·保罗（Ellen Paul）、简·恩斯明格（Jean Ensminger）、皮特·兰德彼得（Peter Lindert）、肯· 谢贝尔（Ken Shepsle）、吉姆·阿尔特（Jim Alt）、杰克·奈特（Jack Knight）、安迪·索贝尔（Andy Sobel）、菲尔·基弗（Phil Keefer）、兰迪·卡尔弗特（Randy Calvert）、让-劳伦·罗森塔尔（Jean-Laurent Rosenthal）、玛格丽特·列维（Margaret Levi）、朱利安·西蒙（Julian Simon）、罗斯·罗伯茨（Russ Roberts）、萨米·达克利（Sami Dakhlia）以及来自斯坦

福大学、西北大学、哈佛大学、加州大学戴维斯分校、阿拉巴马大学、夏威夷大学、马萨诸塞大学、伊利诺伊大学芝加哥分校、巴黎政治学院、巴黎原子研究所(ATOM in Paris)、庞培法布拉大学(Pompeu Fabra),以及罗纳德·科斯研究所(Ronald Coase Institute)和人类研究所(Institute for Humane Studies)举办的各种研讨会的与会者们。早些时候,笔者也曾受益于胡佛研究所为期一年的研究员经历。在后续对巴黎政治学院和博林格林州立大学(Bowling Green State University)社会哲学和政策中心的访问期间,笔者完成了本研究的初稿。笔者要感谢布莱德利基金会(Bradley Foundation)和法国国家农业科学研究院(INRA)对部分研究的支持。笔者还要感谢普林斯顿大学出版社的一位匿名读者所提出的一系列富有建设性的建议。

需要指出的是第一章"视角纷争:英国自由贸易与法国贸易壁垒的神话",部分摘自笔者最初发表在《经济史期刊》(*Journal of Economic History*, Nye,1991b)上的同名文章。附录则是基于与萨米·达克利的合作研究(Dakhlia and Nye,2004)。

多年来笔者也从许多学生的评论中受益,他们包括阿特·卡登(Art Carden)、彼得·格罗斯曼(Peter Grossman)、迈克尔·豪珀特(Michael Haupert)、塔妮·亨特(Tawni Hunt)、诺尔·约翰逊(Noel Johnson)、菲儿·基弗(Phil Keefer)、贾尼斯·金霍恩(Janice Kinghorn)、兰迪·尼尔森(Randy Nielsen)和维纳·特罗思恩(Werner Troesken)。笔者特别受益于杰里米·迈纳(Jeremy Meiner)在2004至2006年间细致的研究协助。2005年笔者还得到了特伦斯·瓦特森(Terence Watson)的帮助。

在此应当明确说明,对于任何笔者可能犯的失误或做出的错误论断,所提到或引述的任何人均不须承担丝毫责任。

最重要的是,笔者要感谢妻子立荣(Lirong)与两个儿子迈克尔(Michael)和安德鲁(Andrew),感谢他们在本书写作的漫长过程中的支持。正是他们的包容让笔者可以心无旁骛地投入这个项目。笔者感谢他们给予笔者的耐心和持续的鼓励。

引 言

英国是19世纪自由贸易的领导者，这一观点是经济史上少有的既能引起大众共鸣，又能引发历史学家与其他学者关注的程式化事实之一。传统的观念认为，英国向自由贸易的转变是苏格兰启蒙运动的胜利，是工业革命的成果，也是一场推动整个世界（或者至少欧洲主要强国）走向当今所谓的“全球化”的政治与意识形态运动。19世纪的自由贸易对西方经济的成就来说功不可没，而与此同时，也因其助长了经济一体化的弊端，且公然支持欧洲的帝国主义而受到诟病。围绕着英国自由贸易及其对经济、政治、思想史、社会文化变迁和各种长期变革的意义所衍生出的课题是如此之多，以至于相关的文章和书籍浩如烟海。

正因如此我们才惊讶地发现，英国自由贸易这种说法的正确性长久以来并未经过仔细推敲。尽管经济史学家们热衷于对大多数主题进行量化，他们也并没有在更广泛的国际背景下对英国的贸易政策做太多的研究。英国关税随时间推移的下降，与采取比关税施加的对象国更低的关税税率及其对经济的影响，这两个问题并没有被区分开。尽管也偶见某些定量推断的尝试[如McCloskey(1980)]，但英国所声称的贸易自由化依旧流于表面。

一项对英国和法国贸易政策的比较分析（Nye，1991b）表明，英国在废除《谷物法》后走向单边自由贸易，这种流传下来的标准说法即使不是完全错误的，也至少具有误导性。因此，我们有必要更深入地反思与19世纪贸易政策的政治经济学相关的传统认识[参见Nye(1991a)]。这也迫使我们进一步研究为何学者们会错误地描述这些政策的核心特征。

后续的研究表明，19世纪关税改革问题的根源可以追溯到17世纪末路易十四统治时期的冲突。法国繁荣的葡萄酒贸易如何在17世纪末被英法之间的长期战争所摧毁，对这一问题的研究使得笔者的目光聚焦到英国贸易政策的政治经济学和英法贸易的悠久历史上。

关税的政治经济学引发了笔者对现代英国财政政策的演变这一更普遍问题的思考。从这里我们可以轻而易举地走进一个令人惊奇的故事，其中混杂着商业和外交政策，涉及国内税收政策、英国消费税的兴起、伦敦现代酿造业的发展、新的反法关税架构下国际贸易的巨大扭曲所引起的英国消费和法国生产的变化。

笔者论证的基本观点在于，17 世纪末英国政府迫切想要削减对法国的贸易逆差，而 1689 年到 1713 年的战争恰好为其提供了一个契机。战争冲突为贸易保护主义者提供了机会，他们试图通过切断几乎所有与法国的贸易来消除贸易逆差。这种做法在国内(啤酒商和蒸馏酒商)和国外(尤其以从事葡萄牙产葡萄酒贸易的英国商人及投资者为代表)都造就了一个强大的受保护的利益阶层，进而导致英国在 1714 年与法国恢复贸易后，仍对法国进口商品(尤其是对葡萄酒和烈酒)课征了高得离谱的关税。

凭借降低关税可能带来的潜在威胁，英国政府能够从国内酒精饮料和其他消费品的消费税中获取收入，而这种利益在以前是无法获得的。政府得以在几乎不提高土地税和所得税税率的前提下增加收入。英国政府不仅仅是通过威胁降低外国替代品的关税来确保自身的权威，同时它还鼓励啤酒的垄断化生产趋势并限制啤酒的零售，这一过程从 1700 年左右开始并一直延续到 18 世纪。

最终的结果是一个扩张的英国政府，它靠中央税务机关获取税收收入，同时也获得国内产业的一致支持，因为这些屏蔽了外国竞争的企业发现他们能轻易地将大部分的税收负担转嫁给消费者。

与法国长达几个世纪的贸易被彻底瓦解了，在长达一个半世纪的时期中，廉价的葡萄酒被不列颠群岛拒之门外。而这一时期的英国也恰恰见证了工业革命的到来和中产阶级消费者的崛起。

第一章包含了促成本书的核心实证发现：论证 19 世纪的英国并非此前为人所知的自由贸易者，尤其是与法国相比时。笔者详细阐述了支持这一论点的证据的性质，并将这一论点与传统的 19 世纪的编史学联系起来。

第二章跳回到故事的开头，简要回顾了17世纪末到19世纪中叶的英国商业史，涉及当时既有的观念，同时也指明了外交政策、贸易限制和国内财政需求之间的联系。

第三章和第四章更详细地论述了18世纪的贸易关系史，这段历史指明了英法贸易战的渊源，也最终导致了对法国葡萄酒的关税和禁令，进而形成了接下来一个半世纪的政策。

第五章是一个简短的反事实讨论，旨在探讨假如英国以自由的经济政策来准许法国葡萄酒进入本国，事情会如何发展。我们的目的并不是精确地重构历史，这么做既不现实也不可信。相反，这只是为了让读者了解在此之前贸易的规模，及其对消费和生产结构所产生的潜在影响。

第六章论证了英国政府对国内酿酒业利益的保护和伦敦啤酒业的技术革命，使得政府和主要的酿酒商形成一种共生关系，在这种生态中，政府保证啤酒业免受外国竞争，从而换取从啤酒业获得大幅增加的财政收入。这导致英国总财政收入的激增，也导致英国税收结构从土地税转向各种消费税，并使得18世纪的政府扩张成为可能。稍后的一节说明通过考察这种关系，并以政府为持续获得对募集财政资金的支持而维护促进生产中的寡头垄断来解释政治经济学，我们可以更好地理解18世纪早期的英国国内政治。

由于英国商业政策的历史一直是政治学、历史学以及经济学争论的重要内容，第七章讨论了本项研究对政治经济学的意义。事实上，所谓的“大英帝国盛世”(Pax Britannica)以及英国通过促进自由贸易而成为贸易主宰者的故事在众多不同的理论中是如此重要，以至于我们有必要探讨如果这一基础发生动摇，那些主要的假说会如何变化。关注政治霸权、国际合作或被政治学者[如Keohane(1984)和Gilpin(1987)]称为国际政治经济学的理论家们所依赖的，是对不断变化的贸易体制的传统解读，而本次的历史研究并不支持这种解读。因此，笔者希望许多政治理论家会对本项历史分析感兴趣。

第八章不仅完整总结了书中的论点，还延伸到我们应如何重新考量现有的关于英国权力和财富崛起的历史概括。这一部分还讨论了如果重新考虑汉诺威时期英国财政政策所扮演的角色，许多对自由主义国家的崛起极为重要的问题实际上就将无从解答，同时也将表明传统的观点是多么具有误导性。

而我们轻易将财政上的成功与经济发展联系起来的倾向也因此变得不甚可信。这种反设足以质疑近来对商业政策的辩护，后者企图宣称政府扩张为现代经济增长铺平了道路。

仅凭某一项研究或单一的实证检验，并不足以否决经年累月建立起来的理论。除了过往文献中积累下来的一堆纷杂的论点外，本项研究也将各种警告和注意事项纳入其中。尽管如此，想要读通本项研究，并品鉴其对商业历史的独特解读，就务必要重新审视国际政治经济学中的许多观点：现代国家的崛起，财政政策在发展中所扮演的角色，为自由贸易所做的斗争，市场改革问题，剧变时期利益集团的政治经济学，政策观点与经济现实。这些都是历史学和社会科学中最重要和最核心的问题。

英国发展的过程及其贸易政策的演变一直都占据上述研究的核心。本书并非仅仅是一个关于过去的故事；它也意味着我们从根本上对经济史中与商业政策相关的理念重新展开评估。更重要的是，笔者希望这将成为一个小小的教训，来告诉人们历史是如何影响较静态的经济分析的；反之亦然。我们模型所具有的局限性可以通过引入相关叙述来克服，这种叙述补充了问题中的动态元素，同时提供了一种语境。而缺少了这种语境，任何分析都会晦涩得无可救药，甚至可以说是毫无意义的。最后，这种叙述也让本书更富趣味性。

让我们从故事的结尾开始吧。

目　录

第一章　视角纷争:英国自由贸易与法国贸易壁垒的神话

为何英国人喝啤酒而不是葡萄酒?旨在维护国内利益的商业关税政策,是如何帮助英国政府获取收入,从而令不列颠在18世纪跃居为欧洲领军强国?这两个看似毫不相干的问题其实触及了某个议题的核心,而这一议题正是现代经济史上最重要且尚未被开拓的领域之一。对英国酒类关税的政治经济学的理解为我们观察细小的政策决定如何产生重大且长久的影响打开了一扇窗。它也为我们提供了一个特殊的历史案例,从中可以看到国际地缘政治和特殊利益团体的经济学是如何影响贸易、消费和税收模式的。但在讨论本书所包含的论点之前,先了解一下它的思想起源可能会有所帮助。

这一章阐述了英国的贸易政策既不像许多人想象的那么自由,也不那么无私。为此我们不仅要考察英国长期以来的平均关税,还要将其与法国的关税进行比较,而后者在大多数人眼里较不热衷于自由贸易,且更希望保护国内生产者的利益。此外,本章的分析仔细考察了英国选择降低或取消的是哪些关税,以及哪些关税在19世纪40年代的改革后仍然存在。由此我们就会发现,若将法国作为贸易保护主义者并以此标准来衡量,英国的自由主义是不够格的。更重要的是,大多数被继续征税的正是一个半世纪前引发重商主义冲突的那些商品。亚当·斯密(Adam Smith)曾大力抨击的重商主义制度中的许多关税依旧存在,并继续服务于许多早在17世纪中叶就力图达到的保护主义目标。

随后本书将讨论为何长久以来这些关税被忽视,且那些利用英国自由贸易故事的人会倾向于继续忽略这些关税。然后我们将分析转向为什么说对关税的阐释表明了贸易政策的影响与贸易保护的本质是截然不同的两个概念。本书其余部分将以上述所有分析为起点，回溯到英法贸易战的开端。

最近20年，对现代英国和法国经济史的一些观点发生了重大修正。例如，关于17世纪后期和18世纪英法两国税负研究的出现（Mathias & O'Brien，1976a，1976b；O'Brien，1988）就改变了我们对于这两个国家政府权力大小比较的看法。尽管没有推翻伊·赫克歇尔（Eli Heckscher，1935）的经典结论，即相对于英国而言法国政府呈现出更明显的干涉主义和重商主义，但近期的研究已经颠覆了有关两国政府相对规模与平均税负的传统看法。

英法贸易关系依然是一项值得深入探究的课题，其中充斥着很多难以简单归类的谜题。传统观点仍是从两个国家之间的强烈对比的角度讨论19世纪的情况。英国仍被视为自由化国家，实际上是一个具有小政府，对内采取自由放任政策，对外奉行自由贸易的极简主义国家。而法国被看作一个落后经济体，是奉行经济管制的政府，非自由贸易国家。为何会有如此差异呢？我们如何调和这些相互冲突的观点？是发生了什么样的变化才导致这种观点的转变？迄今为止的学者已做了大量工作来修正经济史，以弱化人们对19世纪法国经济失败的印象，如果考虑这一点，上述问题（如何调和冲突观点）就更加凸显。[1] 这些修正缩小了英法两国发展的差距，激发了人们对这两个欧洲最富裕国家的经济增长过程的思考。

经典文献强调了英国从19世纪初到中叶开始的治理理念的变化，尤其是将自由放任当作首要原则。我不想质疑这种转变的重要性及其对其他国家意识形态的影响。但是在政策方面，这种转变更加缓慢。人们认为主要变化是发生在国际贸易领域，发生在19世纪向自由贸易转变的过程中。

保罗·贝罗赫（Paul Bairoch）在《剑桥欧洲经济史》（*Cambridge Economic History of Europe*）中对这段时期的描述如下：

---

1 参见Roehl（1976）、O'Brien和Keyder（1978）、Cameron和Freedeman（1983）、Nye（1987）以及Friedenson和Strauss（1987）。

> 1815—1820 年欧洲各国的贸易政策形势可以刻画为贸易保护主义的海洋包围着少数自由主义的岛屿。
>
> 1815—1846 年的 30 年间，英国的经济自由主义运动是其主要标志。直到 19 世纪 40 年代，这仍然是一种非常有限的自由主义形式，只有当这个国家的工业化发展了近一个世纪并领先邻国 40～60 年时，它才变得有效。一些小国，特别是荷兰，也表现出了自由主义倾向。但是欧洲其他国家制定了防卫性的保护主义政策体系，主要针对英国的工业品。(Bairoch，1989：6)

然而有一项研究检视了英国和法国的贸易统计数据，发现这种传统观点是完全错误的。很少有证据证明英国的贸易比法国开放得多。现有的关于英法贸易的研究中，鲜有人进行比较分析；对于国家之间的商业互动，政治分析比较多，经济分析则很少。大多数经济方面的研究关注的是两国贸易额，而把关税的变化想当然地视为一个有趣的程式化现象。

当我们对两国进行比较时，贸易数据表明在整个 19 世纪的大部分时间里，法国的贸易制度都比英国更自由，甚至在 1840—1860 年间亦是如此。这一时期的法国据说正苦苦挣扎于贸易保护的残留，而与此同时英国早已决定单方面采取行动，实现更自由的贸易。尽管有些人已经认识到，早在 1860 年《英法通商条约》(Anglo-French Treaty of Commerce)签订之前拿破仑三世就已经开始让法国的贸易体制自由化，但无论是当时还是现在的观点都将 19 世纪 60 年代前的法国视为贸易保护主义者，而认为英国相对自由。

如果对这些证据进行适当的解读，我们可能就会对英国的贸易政策采取一种较为平衡、不那么夸张的看法。同时这种解读也会凸显出 18 世纪的政府政策与其对 19 世纪政府行为的制约。传统印象中 19 世纪英国独特的自由贸易可谓疑点重重，这一论断是基于一个史无前例的简单比较。关于总体关税水平的最简单和最基本的指标，是名义平均关税，即关税收入总额占进口总额的比重。参照英国自由贸易而法国高关税的传统说法，你认为结果会怎样？

1820—1900 年间法国和英国的平均关税税率见图 1.1。这些数据的依据是伊姆拉(Imlah)对英国,以及莱维-勒博耶(Lévy-Leboyer)和布吉尼翁(Bourguignon)对法国所做的研究。他们的研究显著表明,在19世纪的大部分时间里,英国的平均关税税率远高于法国。这点在1840—1860年期间尤其令人诧异,因为在此阶段,英国已开始废除《谷物法》并向更自由的贸易迈进,而1860年前《英法通商条约》未及订立,这进而也推翻了传统中孤立的自由贸易的英国被法国等敌对的、反自由贸易的国家包围的叙述。事实上在1860年之前,英国的关税税率不仅高于法国,甚至与美国的平均关税税率相当,而19世纪的美国并不在自由贸易拥趸之列。

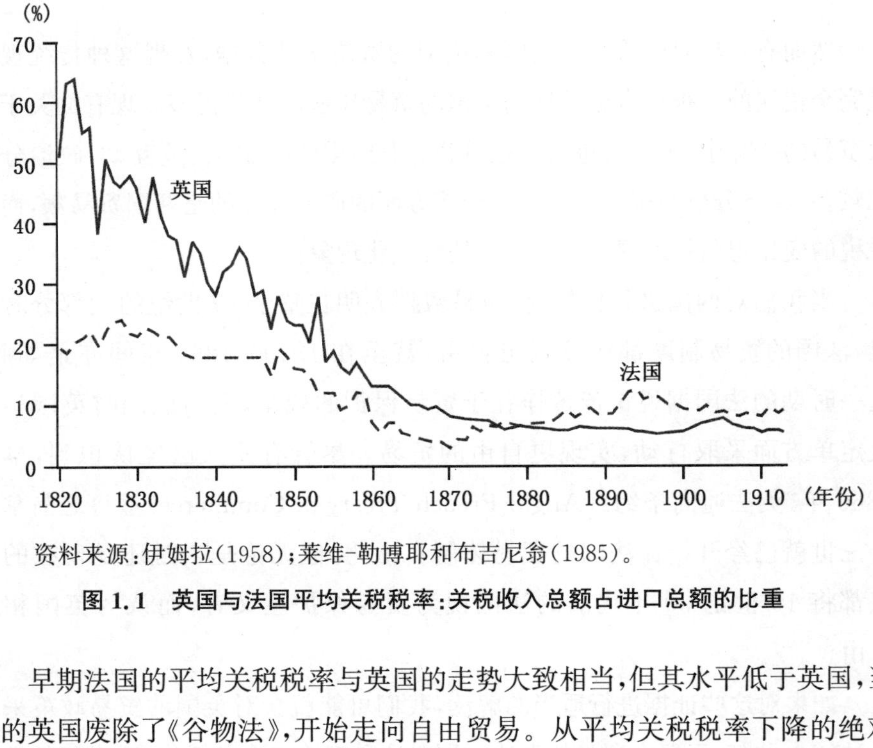

资料来源:伊姆拉(1958);莱维-勒博耶和布吉尼翁(1985)。

图1.1　英国与法国平均关税税率:关税收入总额占进口总额的比重

早期法国的平均关税税率与英国的走势大致相当,但其水平低于英国,当时的英国废除了《谷物法》,开始走向自由贸易。从平均关税税率下降的绝对幅度来看,英国的降幅似乎要比法国大得多。[1] 但英国的起点比法国高得多(超过50%),而法国在任何一年里都没有超过25%。考虑到英国关税水平下

1　基于平均关税税率来标记向自由贸易转变的规模和时间,这是文献中的标准做法。伊姆拉的经典讨论和麦克洛斯基(McCloskey)都使用某种版本的关税收入占进口商品总额的百分比来表示英国贸易的自由程度(Imlah,1958;McCloskey,1980)。

降的起点如此之高,有人指出关税的变化似乎符合传统的时间顺序,从19世纪20年代末开始起步,到19世纪40年代以后急剧下降。[1] 同样,法国关税至19世纪50年代前期一直在稳步下降,然后在1870年骤跌至3%左右的低点,远低于19世纪英国关税税率的最低值。法国的关税税率一直保持在相当低的水平,直到19世纪的最后10年或15年才转回到贸易保护。19世纪80年代之前,英国的平均关税税率都无法与法国相提并论,且在大部分时间里也没有明显低于法国。认为英国是秉持原则的自由贸易者的观点,与19世纪末的关税平均税率最为一致,这表明当时的英国致力于保持低关税,以抵挡国内外甚嚣尘上的贸易保护主义情绪。此外,英国向自由贸易的转变因其参与世界经济的规模而被放大。事实上,英国向自由贸易的快速转变,与法国当时所进行的商业重组在时间和范围上都是完全匹配的,而法国人(在1830年前关于关税合理化的讨论中)甚至预见到了英国的这种转变。

"部分自由的"贸易的概念并没有被广泛接受,或许也没有普遍适用的衡量标准。一个国家要么接受所有商品且不征税、不设限制、不追加任何形式的国内扭曲,要么就偏离了纯粹的自由贸易理想。所有国家都属于后一类。因此关于"不自由"贸易的"可接受程度",总是存在讨论的余地。此外我们也很难对国家进行排名(许多经济学家认为这做不到),因为这些国家采取的管制措施大多雷同。这个问题困扰着所有对英国和法国所进行的比较研究工作。因此这一章的重点就是要证明,在运用一系列合理且多样的衡量手段后,法国的贸易体制在19世纪的大部分时间里都显得比英国更为自由。但这并不是说法国贸易在每一个相关的维度上都比英国更自由。

名义平均关税税率并不是衡量一个国家偏离自由贸易程度的完美指标,但请注意,它通常是许多专家在探讨一国贸易相对开放或自由程度时会使用的第一个指标(往往也是最后一个指标)。值得一提的是,在伊姆拉(1958)和迪尔德丽·麦克洛斯基(Deirdre McCloskey,1980)影响深远的有关英国走向

1　由于对进出口商品的价值难以准确估计,英国19世纪20年代之前(甚至在19世纪40年代之前)的数据并不完全可靠。戴维斯(Davis)在商品种类上做了进一步的扩展(Imlah,1958;Davis,1979),而伊姆拉基于盖尔(Gayer)、罗斯托(Rostow)和施瓦茨(Schwartz)的工作,对贸易统计数据进行了广泛的修订,这成为所有进一步研究的基础。

自由贸易的讨论中,使用的也正是这个指标。[1] 然而即便他们都使用了这个指标,我们也不能因此无视其缺陷。尤其是对某一些商品采取高关税可能会导致它们的进口大幅下降(就好比英国对法国葡萄酒和烈酒征收的关税,以及法国对英国纺织制成品征收的关税一样),以至于在计算关税平均值时这些关税并没有占据太大的权重。

对该问题的第一种回应十分简单明了,即按照不同假设下进口数量的分布来调整关税指标的权重。这是依据现有文献中已做的调整;在麦克洛斯基(1980)对英国贸易政策的研究中,他以来自其他时期(尤其是关税非常低的年份)的进口数量作为权重,来重新计算某一特定年份的关税。这更逼近于在近乎自由贸易条件下某特定关税的权重。在禁止贸易的情况下,则将某类商品国内外价格的差异作为权重的隐性上限,然后把合理的最高数值应用于该商品类别。此外,人们可以通过将每一时期的关税税率应用到其余时期的进口份额上,来测试法国数据对进口构成及关税税率的大幅变动的灵敏度。再者,在所有情况下所选的权重仅针对法国进行的计算产生偏误,而选择忽略英国的类似问题。[2] 重新计算后的结果是清晰且明确的:在 19 世纪 70 年代末以前的年份里,法国的平均关税税率都比英国低,且新的平均值对于所使用的权重的变化非常不敏感,即便纺织品关税的权重向上偏倚,它往往也只变动几个百分点。在任何一套合理的假设下,1870 年及以前法国的平均关税税率都无法达到像英国那样高的水平。[3]

表 1.1 展示了麦克洛斯基在不同假设下考察英国关税下降水平时所使用

---

1 鲍德温(Baldwin,1985)曾将其用于美国,麦基、布罗克和扬(Magee,Brock and Young,1989)也在他们各自的国际贸易的横断面研究中使用过这个指标。

2 尤其是笔者认为麦克洛斯基的英国数据远不足以反映对法国葡萄酒的真正壁垒。从 1700 年到 1860 年长达一个半世纪的禁令和贸易保护在随后的时期中留下了印记,导致他低估了自由贸易下可能的进口,进而低估了英国的平均关税税率,这将在随后的讨论中展开。

3 此外,在我看来要与伊姆拉(1958)和麦克洛斯基(1980)的研究进行比较的话,莱维-勒博耶和布吉尼翁(1985)的数据可能并不是最好的对象。若要说起来,就是他们的法国平均关税税率太高了。依据法国《商业十年表》(*Tableau Decénnal du Commerce*),笔者得到了以下法国每 10 年的平均关税税率:

1827—1836 年	1837—1846 年	1847—1856 年	1857—1866 年	1867—1876 年
20.82%	16.86%	13.03%	6.89%	4.93%

更多细节请参见奈(1991b)。

的表格。表 1.2 显示了使用多种替代方法计算后的法国关税税率,使用的是根据官方贸易统计数据得出的不同年代的贸易权重。(读者可能注意到所用的数字实际上比莱维-勒博耶所提出的平均关税税率低,而后者也被布吉尼翁用于计算英法关税税率比较的相关数据。由于笔者无法重新构建他们的数据,因此只能回到法国《商业十年表》所提供的素材。)

表 1.1　　替代算法下的英国关税税率:1841 年、1954 年和 1881 年

单独使用该年的关税税率:	以每种商品在以下年份的份额加权		
	1841 年	1854 年	1881 年
1841 年	35%	30%	27%
1854 年	25%	18%	16%
1881 年	13%	10%	6%
总体下降	22%	21%	21%

资料来源:麦克洛斯基(1980:309)。

表 1.2　　替代的算法:采用不同年代进口比重加权后的法国关税税率

时期	以下列年代的比重加权后的百分比				
	1827—1836 年	1837—1846 年	1847—1856 年	1857—1866 年	1867—1876 年
1827—1836 年	20.82	19.10	19.97	21.43	19.96
1837—1846 年	18.73	16.86	17.55	19.05	17.67
1847—1856 年	14.63	13.41	13.03	14.33	13.10
1857—1866 年	8.89	7.35	7.17	6.89	5.81
1867—1876 年	8.74	6.76	6.40	6.02	4.93

资料来源:法国海关(France, Administration des Douanes,1878)。

经过相当详细的重新计算后法国的数据显得稳健。英国的数据在采用不同的权重后变动巨大,相较而言法国的平均关税税率则相对稳定,这在一定程度上证明了法国的税率很低,且表明了在多大程度上法国贸易活动完全无须缴纳关税。在任何情况下,平均关税增幅都不会超过 2～4 个百分点。计算中选择使用的数据会使结果产生向上偏误。为了处理纺织品的禁令问题,实际关税被假设为 50%。这个数字是根据奥布莱恩和凯德尔(O'Brien and Keyder,1978:46)以 25 法郎对 1 英镑的汇率计算出的 1825—1864 年间棉纱的比较价格得出的。奥布莱恩和凯德尔的数据显示在此期间，法国的棉纱价格比英国高出 30%～40%；因此 50%似乎是一个合理的上限。即便是最狂热的法国保护主义者的著作也认可这个数值，他们认为如果一直采用 30%～40%的税率，就足以保护现有的生产商免受外国竞争。[1] 大多数被禁令排除在外的纺织品都有相当大的需求弹性，因此实际对其课征的关税要低得多。[2] 对于羊毛无法轻松找到一系列可比较的价格，但是毛纺织品在法国的价格似乎并没有全面高于英国。让・马尔切夫斯基(Jean Marczewski，1965：xxii)的数据显示，整个世纪中法国羊毛原料的平均价格甚至低于英国。在任何情况下，将棉纱 50%的税率应用于羊毛都显然是高估了的。除了笔者在上述情境中采用的高关税税率，当我们依据 20 世纪 60 年代和 70 年代的进口构成与早期的关税税率计算时，忽略了任何收入变化及纺织品价格降低引发的该产品消费的增长(只要能被进口)，因而在替代计算时倾向于夸大了纺织品在早期的权重。任何进一步最小化向上偏误的调整，都只会更利于我们确认法国的关税水平在 19 世纪 40 年代和 50 年代平均为 10%～15%，而在 19 世纪 60 年代及 70 年代为 4%～8%。[3]

---

1 笔者把注意力集中在法国的禁令上，从而简化了计算，并再次着眼于反驳英国贸易一直都更为自由的假说。更详细的计算将会更正英国超出的关税。

2 以下来自法国的例子代表了更极端的贸易保护主义：*Enquête：Traité de Commerce* (*France，Ministre de l'Agriculture，du commerce et des travaux publics*，1860：59)。

在一份 1860 年调研之前出现的证词中，对瓦塞勒(Oissel，法国)和奥海姆(Oldham，英国)的纺织成本进行了比较，得出的结论相当偏颇，即英国纺纱厂相较于法国纺纱厂拥有约三分之一的成本优势(这一点遭到了英国人和许多法国人的强烈质疑)。证据显示瓦塞勒和奥海姆每锭的平均总成本如下：

纺织行业	
瓦塞勒每锭的价格	41^{f} 16
奥海姆每锭的价格	26^{f} 35
每锭的价格差	14^{f} 71

(译者注：41^{f}16 代表 41 法郎 16 生丁，下同)

因此，即使承认这个每锭成本数据可以完全代表两个行业中的边际成本差异，并将其作为上限，就算忽略运输成本，征收严格的 50%的关税也足以维护受保护行业的既得租金。这些数字后来受到许多官员的质疑，一些观察员甚至坚持认为根本不存在这种差异(Fohlen，1956)。

3 如何确定一个国家偏离自由贸易的程度，这一问题在本书的附录中有更为严谨的论述。在附录中我们建立了一个可计算的一般均衡模型，以评估关税在造成英法贸易扭曲方面的相对重要性。感兴趣的读者会注意到，与本章较直观的估计相一致，英国关税的扭曲程度比法国更大，这强调了一个事实：即便在《谷物法》废除几十年后，英国的贸易政策也远非纯粹的自由贸易政策。

另一个共同关注的焦点围绕着“开放”的问题，有人反对以关税水平作为研究的出发点，认为这是一个不恰当的指标。这种观点会使用如进口或贸易总额占国民生产总值的比重等指标表示贸易开放程度。其蕴含的理念很有意思，但如此简单地应用数据可能具有误导性。考虑到两国的资源基础和贸易专业化程度，即使两国在 19 世纪初都转向了“纯粹的”自由贸易，英国也很可能比法国进口更多的商品，进行更频繁的贸易往来，所以直接的横向比较是无所助益的。因此，英国进口占 GDP 的比重在整个 19 世纪都高于法国，这或许是英国更加开放的证据，抑或也正说明英国经济在生产方面不如法国多样化。

然而进口占 GDP 比重的变化，在比较静态的意义上可以作为衡量开放程度的有益指标。在其他条件相同的情况下，一个国家贸易体制的大幅自由化应该会提高其进口占 GDP 的比例。在这点上图 1.2 显示得很清楚。正如你所观察到的，这两个国家在整个 19 世纪的进口占 GDP 比重变化令人诧异地步调一致，从而证实了从名义平均关税水平上看，两国的进口贸易在同步改善，而且几乎在同一时间实现了自由化。如果在追求自由贸易方面英国比法国更坚决或更成功，那么这两个比率的差异可能会更大。

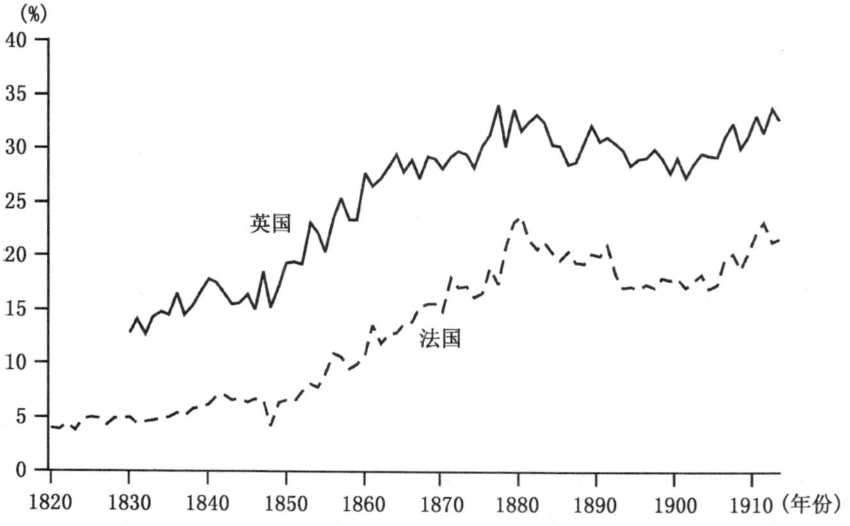

资料来源：米歇尔(Mitchell，1988)。

图 1.2　英国与法国的进口占各自 GDP 比重

这些比率特别有趣之处在于,它们说明了迄今为止对法国和英国表现的比较并不充分。从出口占 GDP 的比重来看两条曲线也非常相似(见图 1.3)。实际上 19 世纪 70 年代之前,法国和英国的贸易比重几乎是相同的,这并不符合法国是一个不成功的贸易者的观点,尤其否定了一些人认为法国出口部门在 19 世纪最后三分之一的时间里表现不佳的论断(如莱维-勒博耶和布吉尼翁,1985)。19 世纪 80 年代法国的出口占国内生产总值的比例下降了,同样的情况也发生在大不列颠——但它仍被认为是世界上领先的贸易国。因此从结构的层面而非贸易的绝对水平来说,没有理由假设在拿破仑三世统治期间开启的全球贸易自由化中,法国的出口部门乃至整个法国经济没有充分受益。几乎可以肯定的是更激烈的国际竞争带来更大的激励,这有助于提高法国出口商的效率和全球竞争力。

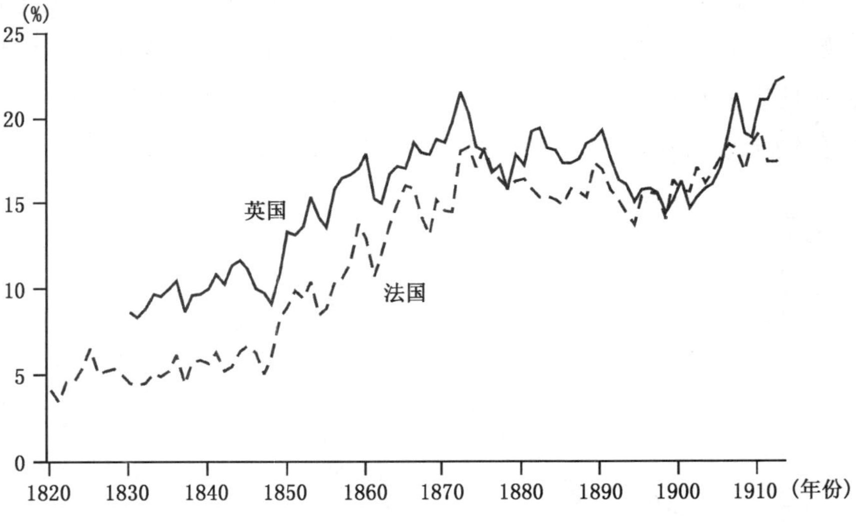

资料来源:米歇尔(1988)。

图 1.3 英国与法国的出口占各自 GDP 比重

其他反对用平均关税比较的意见可能涉及有效保护所起的作用,更宽泛地说,与“自由贸易”和“保护”两个术语的不同用法有关。虽然有效保护(即名义关税减去加权后对该项生产的投入品所征的关税税率)是一个有用且常见的指标,用以衡量由一组特定的关税政策导致的生产扭曲[由 W. 马克斯·科登(W. Max Corden)在 1971 年引入],但笔者相信它并不适用于我们所讨论的情况。就算完全抛开分类及计算所有相关中间投入的困难,在使用有效保护比较两国的贸易政策时,笔者最大的担忧在于,它只关注关税所产生的扭曲中的一类,即关税对国内生产的影响。

在英国和法国关于贸易政策的讨论中,一个反复出现的问题是很难厘清“自由贸易”和“保护”这两个术语的各种用法。尤其是保护主义常被简单地视为自由贸易的对立面,因而其定义更狭隘,同时也被认为比“不自由”的贸易更差。在一些观察者看来,保护主义只涉及那些利用关税索取超出竞争性市场价格,从而让生产进口替代品的国内产业得以生存的情况。如果这才意味着保护,那么它根本无法涵盖我们大多数人对于所有不自由贸易的直觉理解。归根结底,我们的目光不应局限于如此狭义的保护,而应着眼于确定各国偏离某种自由贸易理想标准的程度。关税会导致国内外消费和生产模式的种种扭曲。一个理想的指标能使我们对分界线有一个大致概念、却非聚焦于任何一组扭曲现象;名义平均关税税率(经过适当加权)比实际关税税率更清楚地说明了这一点。对非本国生产的产品征收的高额关税,应该被视为对自由贸易的偏离,即便其并非旨在“保护”特定的国内产业。

受到贸易政策的公共财政视角启发,一些学者倾向于将关税分为保护性关税和财政性关税。表面上看“保护性”关税保护了本地生产者,而“财政性”关税只是为了应对财政支出而征税。因此,对这些学者来说,英国出于财政收入目的征收高关税并不重要,因为这些关税不是“保护性”关税,而仅仅是获取财政收入的有效手段。

但在猜测英国征税的意图和可能的现实情况时,他们忽略了自由贸易所探讨的关键。最优税收政策问题与哪个国家更接近自由贸易不能混为一谈。关税结构的意图、政治和经济有效性问题,应该与挖掘已知的英国自由贸易故事背后的真相分割开。当然(假设一个极端的情况),一个平均关税极高(比如200%)的国家不会是一个自由贸易者,不管采取这种关税的理由是什么。相反,可能会有一个国家(如19世纪的法国)有意识地想要设计并实施一套关税制度,以保护和援助各种产业;但同时这个国家也以这样一种方式征收关税,即总体关税水平较低且贸易相当开放,尽管它对某些项目有严格的限制,但这些项目对整个贸易来说重要性有限。然而,考虑到政治和历史意义,也恰恰是这些商品的贸易(如纺织品或其他较新的制造业)造成了我们对两国整体贸易政策的印象。我们可以就这两个国家施加的各种管制的重要性进行辩论,抑或断言某种管制比其他的更糟糕,但我们现在必须要明确搞清楚是指哪些情况。此外,我们无法像断言19世纪的英国是伟大的自由贸易者,这种说法在学术界及普遍流传的神话中曾受过各种各样的赞美或诋毁。[1]

这些以"保护性"和"财政性"为标准划分的想法是天真的,因为它们错误地理解了英法两国商业关系的历史。大多数所谓的英国财政性关税其实最初是专门用来惩罚法国的贸易保护主义措施,这些惩罚措施是出于战争的原因,及对法国从路易十四时期开始的针对英国的商业政策进行报复。正如奥布莱恩(O'Brien,1988:3—24)所指出的:

> 英国的关税绝不仅仅是增加财政收入的手段。它所涉及的范围和法律的复杂性影射出了英国的目标,这些目标与其在不断发展的国际经济中对待外国、友好国家和帝国主义国家的立场有关……就财政部而言,航海条例、帝国商业规则条例及与友好国家签订的双边协定,意味着真实地限制了其依靠对限制进口的货物征税来增加收入的可能性。[2]

假设法国平均贸易水平在整个19世纪都低于大不列颠(尤其是19世纪初和法兰西第二帝国末期),或至多两者相当,那这种现象为何会在如此长时间内被忽视呢?许多猜测都是可能的;本书的分析将专注于最显而易见的假说。

在19世纪大多数时间中,贸易在英国生产总额中所占的比重比法国大得

---

1 将这个论点再推进一步,让我们稍微离题,先简单地考虑一下另一种类比。假设现在有一个繁荣的欧洲小国几乎不生产任何消费电子产品,而大部分电脑和电视机是从日本进口的。现在想象一下,由于日本不愿购买该国的许多产品来作为回报,这个国家愤而决定提高日本电视机的关税,导致电视机的进口下降到先前水平的5%甚至更低。如果这个假想的欧洲国家仍然无法生产电视机,那么即使它没有需要"保护"的国内产业,它的行为也与我们对自由贸易的理解不一致。

现在要让这个故事有意义,我们需要做的就是用18世纪的英国(更准确地说,是英格兰)代替假想的欧洲国家,用法国代替日本,用葡萄酒和烈酒,(在较小的程度上)用丝绸和奢侈品代替消费电子产品。

2 然而我们将看到,通过向受保护的国内产品征收消费税,从而使财政收入增长成为可能,在这个方面关税确实发挥了重要的(尽管是间接的)作用。

多。这一事实,加上英国贸易总额的绝对水平要高很多,必然会使英国的贸易政策对整个世界显得更加重要。[1] 考虑到英国关税的起点之高,对于关注大幅影响贸易的政府行动的外部观察人士来说,英国平均关税水平的稳步下降并最终大幅跳水,会给他们留下深刻的印象。相对而言,法国的大部分商业活动都是国内的,相比贸易政策而言,法国商业受到国内经济发展的影响更大。关税改革是拿破仑三世的一项突出成就,但它也仅是其为推动经济现代化并刺激法国经济所做的大规模努力的一部分。此外,撇开不论那些专门围绕1860年《英法通商条约》的外生政治因素所做的辩论,平均关税税率的下降也表明早在该条约付诸讨论之前,法国的整体贸易制度就已经发生了重大变化。其中一些变化是偶然的;其他的则完全是默默无闻的。1860年条约之前的25年里,法国其他的改革通过取消旧的禁令和关税"规范化"(采用较统一的关税税率)极大地改善了法国的贸易环境。但如同19世纪20年代英国赫斯基森(Huskisson)推动的改革所取得的有限成果一样,法国的这些改进或许没有受到像1860年条约那样多的关注。

诚然,人们对英国转向自由贸易所保有的大部分印象,是由于对《谷物法》的激烈辩论产生的。农产品关税的大幅降低势必会影响英国的贸易,而这场辩论在意识形态上的性质,也为此后英国有关贸易的讨论打上了烙印。废除《谷物法》引起的关注掩盖了法国当时正在发生的重要却不太为人所知的变化。法国小麦进口的平均关税税率(见图1.4)显示了废除《谷物法》前后税率的大幅下降。尽管这些变化在英国和法国同步进行,但英国人称其为自由贸易,而法国人,即使在拿破仑三世时期,却总是局限于谈论适度的保护。

英国和法国的自由贸易者都更关心特定类别商品的自由贸易,这些类别对于他们各自的产业至关重要,而不像新古典主义经济学家那样在意整体的自由贸易。露茜·布朗(Lucy Brown,1958:157)在她对自由贸易运动的研究中指出,自由贸易者并不是反对所有种类的关税:

1 值得注意的是,在整个19世纪英国的贸易总额比法国要高。然而有趣的是,英国的出口占GDP的比例并没有比法国高多少,而且在法兰西第二帝国之后就没有保持这样的态势。1870年后,这一比率在两国间非常接近,而在19世纪90年代的某些年份,法国的出口占GDP的比例甚至更高[根据我们使用米歇尔(1980)以及莱维-勒博耶和布吉尼翁(1985)的数据进行的独立计算]。

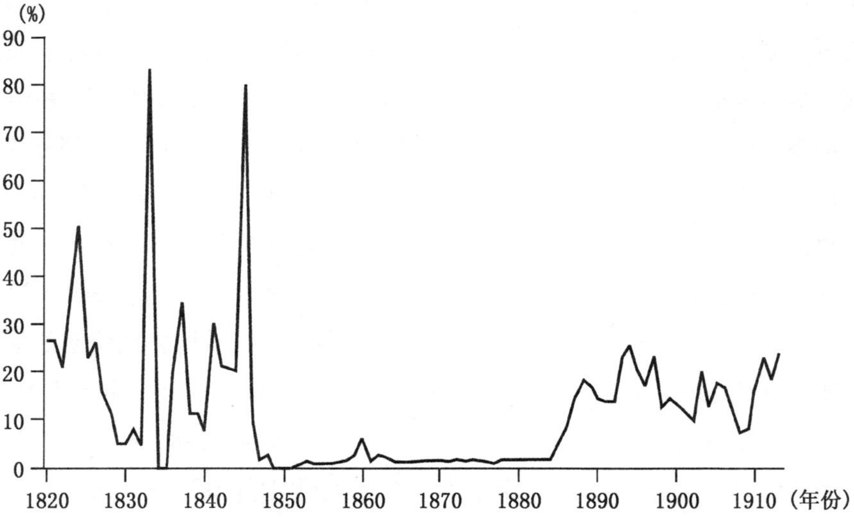

资料来源:莱维-勒博耶和布吉尼翁(1985)。

图 1.4　法国小麦的平均关税税率

应该再次强调的是,这种激进的自由贸易主义者并不反对依靠进口关税获取一大块财政收入的根本原则。对于这种大量依靠茶、咖啡和糖获取关税的税收体系的落后性,如前所述,他们基本上是漠不关心的,也许是因为这些东西不是必需品。最后还有一点,除了受到强烈攻击的木材税和对瑞典的钢铁税外,这些关税都不是针对工业使用的原材料征收的,因此不能直接说这些关税会提高出口产品的价格。但是在批判《谷物法》的时候,很大一部分争论都重点集中在《谷物法》提高了工资,因此间接提高了出口产品的价格,这个论点本身就是基于最低生活工资理论。同样的论证逻辑也适用于茶、咖啡和糖的关税,但没有被运用。造成这种差异的原因或许是一种常识,即面包价格和茶叶价格对生活成本的影响之间存在很大程度的差异。总而言之,对 1840 年的贸易委员会来说,没有什么值得与维多利亚时代后期宣传的“免费早餐”相提并论。

法国也对糖、咖啡和橄榄油等消费品征收高额关税,这些产品是法国关税收入的最大组成部分。令人吃惊的是,对纺织品采取的有限的关税及禁令在法国整体贸易中具有相当重要的意义。与英国的贸易开放确实增加了法国的进口,但还不足以影响整个局面。这在很大程度上是由于法国的国际贸易一开始就已经相当开放了。

法国的进口商品中有相当一部分是免税的,尽管在19世纪上半叶贸易禁令可能扭曲了这一数字,但免税商品的比重没有太大变化,甚至在禁令被关税取代期间还出现了增长。[1] 这与我们的直觉相悖,即禁令的存在掩盖了真实的贸易保护程度,因为它造成了免税进口商品的比重相对于自由贸易的年份向上偏倚。从表1.3可以看出,1849年法国进口额中免税进口部分的占比约为61%,到1869年上升至65%。值得注意的是,在关税水平及贸易限制大幅变化的时期中,从价值上看课税品和免税品的份额保持稳定。而就算在禁令被温和的关税取代后,法国也只对总进口中的三分之一课税,因此即便早前的进口构成大幅度改变,进口平均关税水平也不会发生高于几个百分点的增长,这就不足为奇了。当然这些都不足以消除英国和法国在19世纪30年代和40年代8%～15%的平均关税差距,更不要说消除19世纪20年代和30年代初更大的差距。

表1.3　市场价格下法国总进口按照关税类型分解后的比例　单位:%

	1849年	1859年	1869年	1857—1859年	1867—1869年
免税品	20.82	19.10	19.97	21.43	19.96
应税品	18.73	16.86	17.55	19.05	17.67

资料来源:法国海关(1870)。

或许流传下来的观念中最奇怪的方面,就是认为英国对法国产品征收的高额关税只是一种异常现象,这与前几个世纪的重商主义毫无关联。英国对法国葡萄酒征收的关税是重商主义政策的核心,且可以被追溯到路易十四漫长统治时期英法之间的贸易斗争。即使在19世纪英国人也意识到,遗留下来

1　另一种受官方保护的商品是殖民地产的糖。殖民地产糖和外国产糖都被以高税率征收关税,而后者的税率比前者高得多。我们稍后将看到,糖的关税在两国的总体关税水平中确实发挥了重要作用。

的关税是一种保护主义，对此海关官员的报告就是明证。

毫无疑问，葡萄酒关税是英法之间商业争端的核心。在1860年条约签订之前一个世纪里，它都是所有谈判的中心。研究当时英国商业外交领域的顶尖历史学家朱迪斯·威廉姆斯(Judith Williams)曾写道："英法之间贸易关系的关键在于战争、政治敌对和商业竞争。在商业上，两个国家都试图伤害对方。英国对葡萄牙产的葡萄酒实行特惠关税来抵抗法国葡萄酒，并对法国的丝绸和羊毛制品征收保护性关税。而法国则直接对英国的大宗商品施行禁令和高关税。"(Williams，1972：186—87)英法在1786年条约谈判失败后，艾登(Eden)曾向英国驻法国大使抱怨说，"英国制造商希望在所有自己更擅长的制造业类别向该国索取最惠国待遇；但不要将这种待遇赋予葡萄酒，因为我们的气候不适合生产葡萄酒。"(Williams，1972：189，citing，F. O. 27/20)

经历了法国大革命爆发和欧洲大地上诸多战争后，早期的自由贸易实验失败了，而在此后的整个19世纪中葡萄酒始终是一个问题。签订条约的可能性在19世纪20年代前再次浮现，但正如威廉姆斯所指出的：

> 1824年赫斯基森计划撤销对法国丝绸的禁令而采用30%的关税，这似乎为重新提议降低法国葡萄酒关税提供了契机，并寄希望于现在的法国或许愿意降低其在钢、铁、铜、黄铜上的关税，如果可能的话甚至包括煤炭和锡。相反地法国增加了对更多种类的羊毛制品和亚麻制品的禁令，但当英国提议对法国产品额外征收20%的关税，从而将法国葡萄酒拒之门外时，两国在1826年1月26日达成了一项航运互惠协定。(Williams，1972：191—192)

英国议会的文档同时记录了英国关税范围和19世纪前半叶年份中的禁令，及对于葡萄酒、烈酒、茶、糖和烟草课征的所谓财政性关税，在多大程度上依旧存在于整个"自由贸易"时期，并被用来保护国内和殖民地产业。

英国议会的报告中提到"一长串物品被完全禁止进口，或在严格限制下才可以进口"，这一规定至少延续到19世纪30年代且几乎没有改变，还有少数一直延续到19世纪60年代(Great Britain,1898:38)。在某些情况下,这些禁令据说是英国与荷兰竞争的残留,反映了东印度公司的政治影响。[1]

英国政府在19世纪40年代末至70年代简化了关税结构,取消了上述大部分关税和禁令,这是值得称赞的成就。然而法国人也采取了同样的措施,却没有引起同等关注(也许是因为他们一开始就不太需要大刀阔斧的改革)。此外,英国强调取消对工业品的关税,而不是对其他"非必需品"的关税,这导致我们忽视了那些"纯粹出于财政考虑"的关税所包含的贸易保护主义意义(Williams,1972:40)。

更重要的是,英国在1860年条约之前对葡萄酒和烈酒征收的关税,是根据酒的容积而非酒精含量或价值征收的。这对西班牙和葡萄牙的产品有利,使得这两国的产品比波尔多和勃艮第的产品更受到英国商人的青睐。[2] 英国议会的报告中包含这样的疑问:

> 在如今依据酒精浓度来征税的情况下,令调查者感到讶异的是作为酒精浓度最低的葡萄酒之一,为何法国葡萄酒却在1831年前承受了从任何角度看都最高的关税(每加仑)。但这

1　威廉姆斯指出:"自从1660年以来,针对来自荷兰和德国的进口品,包括葡萄酒、调味料、日用品、杏仁、黑加仑、枣子、生姜、甘草、胡椒、葡萄干、无花果、梅干、糖、烟草、草碱、沥青、柏油、盐、树脂、计时器、橄榄油和无数的其他项目,无论通过何种船只运输,禁令都已经明显存在且被执行。然后是对所有种类的丝制品(除了丝绸花边是绝对禁止进口的),以及刺绣、纽扣、琴弦、用线做的花边和流苏、牛肉、生牛、玉米粉(除了小麦片、小麦粉和燕麦片)、羔羊肉、羊肉、猪肉、绵羊、生猪、麦芽、外国产鱼(除少数例外)、卡片、巧克力、可可酱、手套、铜和黄铜线圈、烟草制品(除了西班牙和葡萄牙种植的烟草和鼻烟)、鲸骨块、葡萄酒、羊毛布。除了这些绝对禁止的商品之外,其他相当种类的货物只有获得授权才能进口;其他的只在少数几个港口进口;或只能以特定种类的包装进口。"(Williams,1972:38—39)

2　在外国常驻的英国商人可以组建工厂,并在一定程度上独立于地方政府,这种制度在葡萄牙和西班牙广为人知。这些工厂是英国贸易政策中一个重要的特殊利益群体;他们对商业立法的变化反应迅速,并很快通过游说谋求改变。例如,直到18世纪初里斯本和波尔图工厂的大型英国社群才开始大力涉足葡萄酒和烈酒行业,因为当时有利于葡萄牙和西班牙而压制法国的关税开始正式生效。他们很快成为葡萄酒贸易中的重要角色,并努力维护和掌握他们从特惠待遇中获得的优势(Francis,1972:179—224)。这种由英国控制的葡萄酒贸易"是稳定英葡关系的主要因素"(Francis,1972:179)。在1710年和1713年西班牙王位继承战争结束时,对于阻止所有与法国开放自由贸易的尝试方面,英葡两国间葡萄酒的问题发挥了重要影响,且使英国与葡萄牙的关系在此后的一个多世纪中得以巩固和维持(Francis,1972:129)。鉴于英国商人在西班牙和葡萄牙产葡萄酒上的利益,我们可以说这三个国家间的葡萄酒贸易既是国际贸易也是英国的国内贸易。

> 确实是事实，直到 1831 年葡萄酒关税才大大简化，对所有外国葡萄酒一视同仁地征收每加仑 5s. 6d[1] 的关税，而对开普敦产葡萄酒征收每加仑 2s. 9d 的关税。1840 年在原关税的基础上增加 5%后，上述两种税率分别为 2s. 10 13/20 d 和 5s. 9 6/20d，并延续到 1860 年。(Great Britain，1898：141)

法国人一直在抱怨英国关税制度对法国葡萄酒贸易的危害。英国在 1667 年和 1685 年颁布了对法国酒征收的关税和消费税，这些税收有利于葡萄牙和西班牙，且自那以后，为了保护英国饮料业的利益并获取财政收入，英国扩大并完善了这些关税和消费税。

一份 1858 年提供给法国商务部部长的报告中提到，法国葡萄酒是 17 世纪英国人的饮料选项之一。然而英国赋予葡萄牙和西班牙的特惠关税待遇，以及随后对欧洲大陆的投资使得法国葡萄酒被取代，以至于法国对英国的出口在过去的几百年里几乎没有任何变化。

19 世纪 40 年代中期法国对英国的葡萄酒出口要比 17 世纪末期还少，而实际上英国人对外国葡萄酒的人均消费量在 19 世纪上半叶还有所下降。此外，即使以容量计算的葡萄酒关税在 1831 年被“均等化”之后，法国仍然承受了关税的主要冲击；法国葡萄酒平均每桶的价值约 300 或 400 法郎，而酒精含量较高的葡萄牙产葡萄酒的价值则高达 1 500 甚至 2 000 法郎(France，Archives Nationales，1858)。还有一些报告抱怨(考虑到法国葡萄酒在全球生产和贸易中的主导地位)相对于其他国家而言英国的姿态很反常，其从葡萄牙和西班牙进口的葡萄酒是从法国进口的 10～20 倍，但其葡萄酒消费总体上却大

1　当时英国主要货币单位是镑(pound)、先令(shilling)和便士(penny/pence)，£＝pound，s＝shilling，d＝penny，或写为 L. S. D。1 pound (£1) ＝ 20 shillings (20s)，1 shilling (1s) ＝ 12 pence (12d)。——译者注

幅低于其收入和人口增长下应有的数量。[1]

法国葡萄酒在何种程度上被排斥在英国市场之外,及其他葡萄酒对法国葡萄酒的替代程度,从下列事实中可见一斑:1860 年《英法通商条约》签订后所有酒类的关税依然很高,但法国葡萄酒和其他国家葡萄酒之间的关税差距却由于以酒精浓度为课税依据反而缩小了一些,此时法国葡萄酒的进口在第一个十年中上涨了 5 倍。这一数字与从葡萄牙进口的数量相当,而同期从西班牙的进口量从六分之一增长到二分之一。到了 1882 年,英国从法国进口的葡萄酒超过了从葡萄牙或西班牙进口的(Great Britain,1898:156)。人们抱怨英国关税和消费税仍然令消费偏向于更昂贵的葡萄酒,且为英国的啤酒和茶提高了保护,却使得所有外国产葡萄酒消费总量的增长速度更加缓慢。[2]

关于烈酒的部分同样具有启发性,因为它清楚解释了英国关税体系存在的多重歧视问题—— 一端是法国产品,另一端是英国产品,中间是其他外国和殖民地产的烈酒。外国酒,尤其是法国白兰地,要么被禁止,要么被课以重税,以支持国产酒和殖民地产酒。[3] 虽然殖民地产的朗姆酒相对于外国烈酒享有保护,但殖民地的生产者仍抱怨说他们被保护英国本地产品如金酒及威士忌的关税所排斥(Great Britain,1898:166)。英国在 19 世纪里对国内和殖民地生产者的保护程度甚至超越了葡萄酒关税。1860 年《英法通商条约》签

1 尽管数字并不精确,但英国和法国的观察者一致认为,法国的葡萄酒产量占世界总产量的 40%~50%,法国葡萄酒在葡萄酒国际贸易中所占比重往往更高。葡萄牙出口的葡萄酒绝大多数都销往英国市场,这本身就是英国关税政策的反常现象。因此,英国从法国进口的葡萄酒仅占从西班牙和葡萄牙进口的 5%,这在法国人和一些英国国会议员看来实际上就是禁止性的。即使考虑到各国将葡萄酒作为关税和消费税收入首要来源的趋势,世界上也没有哪个国家像英国这样拥有如此奇特的葡萄酒进口模式(France, Archives Nationals,1858)。

2 长期以来,法国葡萄种植业者(viticulteurs)一直把所有的饮料放在一起考虑,他们不仅担心雪利酒、波特酒或啤酒等明显的替代品对他们贸易的影响,还担忧茶和咖啡消费的增长。毕竟在 18 世纪,茶和葡萄酒一样是一种奢侈品,而到了 19 世纪茶已经成为穷人的饮料,但葡萄酒仍然是一种昂贵的奢侈品(France, Archives Nationals,n. d.;France,Archives Nationals,1858)。此外,在英国人对啤酒或葡萄酒的喜好中,有相当一部分"习得"的成分,当收入增长提供了新的消费群体基础时,英国的关税和消费税使得英国人形成了不利于法国葡萄酒的风格;而这需要几十年间葡萄酒价格的降低才足以重新改变这种风格。

3 有报告指出在整个 19 世纪上半叶"白兰地的高关税不仅将该品类的消费限制在相对较低的数量,更严重的是它助长了大量的走私,以至于任何海关当局或税收巡查人员的努力都未能奏效"(Great Britain,1898:166)。

订以后英国大幅修订并降低了葡萄酒关税，却进一步提高了烈酒关税。由于法国是葡萄酒和烈酒两者的主要生产国，不论财政动机如何，所有这些关税行为似乎都具有排他意味。[1]

然而，有一群人确实注意到英国在自由贸易方面存在的双重标准，这群人就是贸易保护主义者。1856 年，在围绕首次重大关税改革的激烈斗争中，一些法国作者谴责英国在大力推动自由贸易的同时，却不愿降低葡萄酒和烈酒的关税。倡导保护主义的主要报纸《工业观察家报》(*Le Moniteur Industriel*)在其头版发表了如下社论：

> 葡萄酒生产国们现在知道，他们在英国这个本应让他们富裕起来的巨大市场中被愚弄了，而英国永远不会为他们牺牲本国的蒸馏酒厂或酒吧。她(英国)对自由贸易理论并没有那么热衷。在其不惧怕竞争的领域，她心甘情愿地忠诚(于自由贸易)。但若自由贸易触及其国内的生产那就是另一回事了：她将对此充耳不闻……在西班牙，就如同在法国一样，自由主义的外交官们对本国在保护主义制度上的落后思想进行批判，并慷慨地提议与英国建立自由贸易关系。但不幸的是，当西班牙人询问是否也会无条件地引入他们的葡萄酒时，英国人回答说，这个问题另当别论；它所触及的英国人的利益太重大了；英国政府从啤酒和烈酒的生产中获取了大量的税收收入；这些产业代表了大量的资本，是广大工人的生计来源，而英国永远不会同意在其原则的祭坛上做出这样的牺牲。这就是英国人对自由贸易制度的理解！一方拥有所有，而另一方什么都没有。(*Le Moniteur Industriel*，1856：1)

这些争论之所以已经被人们抛诸脑后，部分原因是贸易保护主义者用这种说辞来支持不可靠和不可信的理论，但更主要的原因是，在 1860 年《英法通

1　葡萄酒和烈酒的关税在贸易史上扮演了非常重要的角色，英国不愿意冒着财政收入不足的风险降低酒的关税，因此拒绝了法国最初在 19 世纪 40 年代提议的双边贸易自由化(Dunham，1930)。

商条约》签订后，法国最终取得了贸易改革的胜利。然而无论他们为保护主义所做的辩护多么具有误导性，至少对于英国关税政策局限性的观察是准确无误的。

欧洲大陆对于英国贸易政策的不满主要集中于葡萄酒和烈酒，但在烟草等其他带来大量财政收入的商品中，保护主义残余同样存在。例如，当1863年对生烟叶及雪茄关税进行"改革"（提高了关税）时，英国财政大臣谈到"要尽量避免对英国制造商征收保护性关税"（Great Britain，1898：87）。然而英国确实存在对本国生产商的"掩护"，（对雪茄生产者形成有效保护的）平均关税税率为每磅11便士。说掩护其实是一种贬低，它的建立是为了使"那些受雇的生产工人，其中包括妇女和儿童，得到良好的照顾"（Great Britain，1898：186）。

糖税直到1874年才取消。在此之前，英国生产商和英属殖民地受到了周到的保护。1844年以前，英国的原糖进口几乎完全来自西印度群岛，而精制糖则完全依靠国内生产。1844年原糖进口开始放开，然而由某项法案引起的无关紧要的政治关切，却使得贸易保护得以延续，该法案旨在区分进口糖中由自由人生产的和由奴隶生产的。1846年以后，罗伯特·皮尔（Robert Peel）爵士取消了这种区分，但英国对制糖业的保护一直延续到了1874年（Great Britain，1898：211）。

在最后的分析中，我们对历史认知和商业现实之间的矛盾差距给出了解释。我们观察到，那些谈论贸易政策的作者并没有真正地把经济作为一个整体来考虑。学者们总是将增长和发展的过程与某几个生产领域中的工业化混为一谈，这些领域往往非常狭隘，专指纺织、机械和钢铁。他们混淆了什么在政治上重要，什么在经济上重要。从约翰·克拉潘（John Clapham）到A. L. 邓纳姆（A. L. Dunham），当许多作者谈到自由贸易的好处时，他们往往会着眼于关键的"主导"行业在发生什么。例如，由于对纺织品实行禁令，法国在经济学意义上就比英国落后。然而法国在大众市场的棉纺织品上并没有比较优势，其国内生产消耗了大量的原棉及羊毛，且法国总体上具有比较优势的领域是农业及昂贵的丝绸和亚麻，而非棉纱，这些因素似乎都被忽略了。

特定贸易商品在政治争论中的重要性对学者产生了误导，使得他们混淆了这几个少数领域中存在的贸易和保护与总体贸易及贸易保护之间的关系。[1] 尽管两国的丝绸和棉织品的消费量相对于总体双边贸易来说一直较低，但在两国关于贸易保护主义的政治讨论中，占据主要位置的恰是针对（在英国的）法国丝绸进口和（在法国的）英国棉织品进口中的贸易保护主义。[2] 相比之下，农产品对两国经济都很重要，因此英国的《谷物法》和葡萄酒关税确实扩大了19世纪中期以前法英两国间的平均关税差距。此外，两国政府也都从咖啡和茶叶、各种外国工业品以及如木材等建筑材料的进口中获取大量收入。这些项目一直都是财政收入的重要组成部分，且这些商品的需求波动很大程度上取决于收入的变化，而非关税的变化。其中多数进口商品来自非世界贸易领导国的六个国家，而旨在增进英法直接贸易的政策讨论也很可能将其排除在外。另外，殖民地的保护问题也是贸易政策的重要决定因素。

---

1 非常典型的是莱昂内·利瓦伊（Leone Levi）在其经典著作《英国商业史》（*History of British Commerce*，1880）中对1860年《英法通商条约》的诞生进行的讨论。利瓦伊对导致1860年《英法通商条约》的法国关税政策的变化做了精炼的探讨，并囊括了条约的全文。为了比较各国的关税，他提出了一个纺织品关税的比较表，包括棉花、毛织物和亚麻（Leone Levi，1880：433）。他将此作为国家间贸易开放程度差异的指标，也预示了《英法通商条约》签订后引发的变革规模。由于法国对这些商品的大部分子类都有相当严格的禁令，因此1854年左右的法国贸易显得极端的保护主义。

在另一种情形下，尽管巴洛赫（Bairoch）最近有关商业政策的思考中讨论了对所有种类商品的关税限制，但他仍描述"1860年至1879年的欧洲是自由贸易时期"，这主要体现在制造业贸易方面。他核心的欧洲关税比较表是基于对1875年14种工业产品的平均关税水平的比较（Bairoch，1976：42，表5）。

2 有趣的是，两国的贸易保护主义者的主张竟然如此相似。法国人反对说，英国拥有天然优势和如此勤劳的劳动者，以至于法国纺纱厂无法承受英国棉花及亚麻的正面竞争。因此，1838年杜埃（Douai）给总统和众议院成员写了一封信，信中说如果面临英国肆无忌惮的竞争，法国的亚麻纺纱工将会遭受贫困和伤害：

致总统和众议院成员：

为此信署名的市长们，以亚麻纺纱工人的名义，很荣幸地通知您，如此众多的产业工人现在发现自己处于一种悲惨的情境，如果政府不为他们的利益出面干涉，他们就将失去工作，且（必然）连面包都没有，这是残酷且难以忍受的情况。我们对他们的不幸表示同情。

……海峡对岸邻居们的政府一直不失时机地通过其自由贸易政策扼杀这个对我们国家至关重要的产业。为了更确定地达到我们的目的，对机纺亚麻织物（我们需要征收）额外15%的从价税。（France，Archives Nationals，1838）

相对的，英国制造商对法国的丝绸和精毛织品感到不满，直到1855年才宣称：

法国生产……的商品凭借其具有的美好质地和色泽，把所有竞争者绝望地甩在后面。其价格……是这样低以致我们早就放弃了制造它们；代表团无法解释这种无可置疑的优势，而被迫把它归因于众所周知的事实，贸易一旦在某个特定地点建立起来，就无法在另一个地方复制同样的成功，尽管后者看起来甚至可能拥有更大的优势。（Clapham，1952：18）

最后,我们只有特别关注葡萄酒和啤酒(以及相应的白兰地和烈酒)的关税,才能理解英国对法国关税政策的本质和起源。而要理解英国对法国葡萄酒进口政策的历史,就必须回溯到英国试图切断与法国的大部分贸易的时期,从实施温和的保护性关税,到采取禁止性关税,而后者对近两个世纪的国内外政策产生了巨大的扭曲效应。

接下来的几章探索了英国贸易的历史进程,尤其是与法国的葡萄酒贸易史,并展示了始于17世纪的贸易斗争如何在接下来的两个世纪中(甚至可以说直到今天)有力地影响了这两个国家的历史。

第二章　英国经济政策史

本章的目标是呈现 1689 年到 19 世纪末英国贸易政策的简短年表。它应概述那些在英国对法商业政策方面具有特别重大意义的历史事件，而这些事件的遗产正是 18 世纪和 19 世纪的财政及商业政策演变的核心。本章也特意要阐明反对法国的政策并不是后期才发展出来的。英国和法国在 18 世纪成为竞争对手，这一不断演变的斗争过程实际上具有一种反复的甚至说持续的特征。

从经济的角度来看，光荣革命和其他革命一样具有美好的诉求，都是现代社会建立过程中的关键事件（North and Weingast，1989）。

1687 年和 1688 年英国不合时宜地通过了两项赎罪法案，虽然事后看来像是向宗教宽容的温和转变，却导致新教徒们担心詹姆斯国王（King James）会被外国势力利用来施加天主教的影响。英国人日益担心一个天主教王朝建立的可能性，之后詹姆斯二世（James II）的女婿威廉·范·奥兰治（Willem van Oranje）篡夺了王位。威廉从荷兰来到英格兰的目的是夺取王位，但随后他却在 1689 年迫使议会编造借口说自己是受到英国人民的邀请才来统治的。

关于威廉和玛丽（Mary）登基产生的政治、文化和社会后果已经有很多著述。光荣革命为建立一个非常接近君主立宪制的体制提供了机遇，这个体制在国王和议会间分享权力以取得平衡。征税权主要被授予给议会。尽管国王有权发动战争，但在未经议会成员同意的情况下，他多半无法为这种冒险提供资金。这些对王权的限制与英格兰银行的建立相结合，使得财政纪律得以改善，并对私有财产权赋予了更大的尊重。此外，它还确保了支出将与国王和议会筹集相应资金的能力相挂钩。

詹姆斯二世的下台也带来了英国外交政策的重塑。由于法国路易十四一贯支持，甚至可以说公然定期资助信奉天主教的詹姆斯二世，因此詹姆斯二世的倒台加剧了信奉新教的英格兰和信奉天主教的法国之间的敌意。当明确意识到路易十四无法容忍由新教来接管英格兰后，威廉先发制人，率领英格兰、荷兰、西班牙和神圣罗马帝国组成的联军向法国宣战。

法国在 17 世纪成为欧洲的主导国家，但强大的信奉新教的英格兰的崛起势必导致这两个国家时常处于斗争状态。两国之间的较量在 1689 年至 1713 年间达到了顶峰。

在 1688 年到 1697 年间，法国与由英国领导的国家联盟[1689 年后被称为大联盟(Grand Alliance)]之间的冲突占据了主导地位。官方的说法是，这是为了抵抗法国在莱茵河的扩张，但这也被英国人当作防止法国重新任命詹姆斯为国王的一种手段。这场战争结束后紧接着爆发了另一场更大的冲突，起因是 1701 年西班牙哈布斯堡国王(Habsburg King)查理二世(Charles II)的逝世。他的继任者菲利普五世(Philip V)也正是路易十四的孙子，人们因而对法国在欧洲大陆的统治地位产生了极大的忧虑。英国和荷兰站在神圣罗马帝国一边参战，致力于维护其盟友在西班牙王位上的权利。这场战争持续了十多年，范围遍及欧洲和北美，直至 1713 年和 1714 年才以签署条约的形式告终。菲利普五世继续担任西班牙国王但放弃了法国王位。

英法两国间的正式冲突持续了 25 年之久。在此期间英国几乎始终禁止与法国的贸易，仅在两次大战的短暂间隙允许有限的贸易往来。这些冲突直到路易十四死后才结束。但这在很大程度上也只不过是暂时的缓冲，英国和法国将在 18 世纪的大部分时间里继续对抗。而两者的贸易政策无论在和平时期或战争时期始终都是敌对的。

与法国的战争不仅仅是军事或政治问题。贸易，以及为争取更大的世界市场所做的斗争，甚至进一步演变为 18 世纪和 19 世纪中对帝国统治的追求，以上的一切都是以一场变革为前提的。通过这场变革英国将有能力保护并促进其出口商利益，其主要形式是为英国船只及贸易航线直接提供保护以抵御法国的掠夺，有时也防止其他国家如荷兰和西班牙的干涉。然而正如克劳赫斯特(Crowhurst,1977)所说,大部分的袭击并非是官方海军舰队的直接挑衅,而是来自圣马洛或敦刻尔克授权运营的法国私掠船所为。如果说私掠是最明显且确凿的争夺商业霸权的表现,那在更抽象的层面上,贯穿这些军事斗争始末的"贸易战争",则是围绕着征税的可能性、对出口的促进及对国内贸易和国外进口的监管。

长期以来,英国政策的重心是将商业视为政府延伸政治触角的手段。在这些试图将对外贸易纳入政府需求的努力中,值得我们注意的是 17 世纪和 18 世纪的各项航海条例。从 1651 年开始,奥利弗·克伦威尔治下的议会决定禁止欧洲以外的外国船只运送进口货物,以此限制进口到英格兰的贸易。随后出口也受到类似的管制,1660 年的航海条例就是专门设计来限制英国船只开展贸易,同时促进与友好国家的贸易,并在总体上对敌对国家的贸易采取禁令、限制或向其课税。这些法案及相关的商业纠纷被认为是 1652—1654 年第一次荷兰战争的主要因素。后来的法案及其修正案始终是英国商业政策的核心特征,直至 1849 年被废除。其中引人瞩目的是 1733 年的《糖蜜法》(Molasses Act),它迫使贸易商放弃与法属印度的糖贸易,转而支持英属殖民地。这种反对法国而支持葡萄牙的偏好可以追溯到 17 世纪,当时隶属葡萄牙、盛产葡萄酒的马德拉岛(Madeira)向美洲出口的酒无须缴纳王室税(Hancock,2000:111)。英国保守党人试图通过 1713 年的《乌特勒支条约》(Treaty of Utrecht)恢复与法国进行较自由的贸易。但这些努力都是徒劳的。与自由化相关的条款皆以失败告终,沃波尔(Walpole)的辉格党政府获胜并确保了保护主义得以继续推行。

从许多方面来看,1689—1815 年这段时期可以被看作欧洲列强之间,特别是英法之间先前斗争的延续。按照官方的说法,与法国的斗争是为了维护新教君主政体不受天主教国家的影响,但实际上宗教狂热被政府影响力、殖民扩张和国际权力政治等更为世俗的问题所取代。18 世纪中有几十年的时间冲突消停了,因为英国和法国发现他们必须提高收入,才能打一场战争或是为战争的爆发做准备。约翰·布鲁尔(John·Brewer,1988)详细记录了英国政府的扩张与财政收入需求之间的紧密联系。

18 世纪的主要冲突,尤其是七年战争(1756—1763 年)和随后的美国独立战争(1775—1783年),见证了英国政府收入需求前所未有的激增。在这两次冲突下英国财政收入的上升势头达到了顶峰,而在整个18世纪中这种上升趋势本身已经创下了欧洲的最高纪录。尽管在17世纪中所得税和消费税的推行遇到了些许困难,英格兰及随后的英国(1707年与苏格兰合并后),成功施行了新的税收体系,并以越来越快的速度取得了更多的财政收入。

重商主义的核心原则之一不仅在于贸易可以增强向敌人发动战争的能力,也在于停止贸易可以削弱对手。法国的情况尤其如此,1689年后许多人同意达文南特(Davenant)的观点,即"如果进一步严格地中断与他们的贸易,这将给他们带来毁灭,这是他们的经济、勇气与政策所无法避免的"(Davenant,1695:24)。国内的税收涉及对许多商品征收的消费税,其中最明显的是对啤酒、麦酒、烈性酒、糖以及与生产酒精饮料相关的物品。与此同时,通过为本地产业提供某种程度的保护,关税被当作优待某些利益群体的手段,从而弥补了国内税收所带来的影响。

从孟(Mun)、达文南特,到配第(Petty)和斯图亚特(Steuart),大多数重商主义者对于贸易政策和战略政策的关系都有很成熟的思考,然而他们倾向于犯一个常见的错误,即出口顺差(或逆差)仅意味着贸易的收益(或损失)。[1]这种误读是如此系统化,以至于亚当·斯密及其追随者们以此为焦点来攻击重商主义者。[2]

人们不应相信政策背后存在一个严密的理论模型。重商主义的本质可以用一个简单的概念来总结,即政府的需求与国家的需求是一致的。某些作者错误地认为这意味着贸易顺差在经济上是可取的,因为贸易顺差促进了货币的流入,但这些观点在经济文献中受到了技术性批判的冲击。然而这些理论上的争论却分散了我们的注意力,使我们忽略了以下事实:重商主义政策在很大程度上是对世界形势的务实反应,在这种形势中对防卫的需求与控制全球更大范围的掠夺性欲望相结合;有鉴于此,几乎所有的政策都服从于挫败敌

1　熊彼特(Schumpeter,1954:357)将这一主张分解为三个相关的命题并进行了扩展,他辩称重商主义分析的其余部分都是从这一核心错误中衍生出来的。而重商主义是否有一个连贯的核心,能够经受住现代分析方法的审视,则是一个完全不同的讨论话题。

2　熊彼特(1954)确实认为斯密走得太远了,且他故意忽略了重商主义著述者们聚焦于这个谬误时所提出的其他实质性见解。

人,并扩大国内各种税收的目标。

理解了欧洲大国为何会以重商主义的方式行事,并不等于说这样的政策必然是可取的。事实上即使在今天,即便缺乏证据支持,人们有时还是会以为英国的繁荣是由于其商业政策。许多作者把英国在发展殖民地上的成功(这其实只是其商业政策的一部分),与其商业政策本身的成功混为一谈(Morgan,2002:183)。这在保护主义分析中是一个常见的谬误。毫无疑问,保护和支持某些部门可能是给国家某些地区或特定经济部门带来了增长和繁荣。但如果不知道该政策对全球一般均衡的影响,就无法得出结论说整个国家都受益了。实际上,如果将高税收的无谓效率损失及管理和维护殖民帝国的大规模政府成本考虑进来,很有可能从理论和实证两方面说明,这种大规模扩张对国家来说归根结底是代价高昂的[有关帝国经济负担的最详细的计算来自戴维斯和赫滕巴克(Davis and Huttenback,1986)]。

典型的说法是,即便不进行帝国扩张,英国也未必会把这些资源花在生产活动上。但这种说法是一种干扰。重商主义和殖民地带来的低效率这一论点并不依赖于某些有关完全市场和国际竞争的假设。只要存在能够减少效率损失的合理的替代选项,重商政策就会带来明显的效率损失。只有当这些政策的溢出效应在某种程度上超过了静态成本时,重商主义才有意义。虽然我们很容易理解为什么政治压力及对国际地位的渴求会促使英国政府推行这些政策,但却难以证明帝国的扩张或海军支出有助于英国经济的发展,更不用说其能否作为英国经济发展的决定性因素。

现代的研究,如奥默罗德(Ormrod,2003),有助于我们理解如英国或荷兰这样的国家在寻求影响力和权力的过程中的国际环境和政府动机。它还为我们详细记录了关于政府在多大程度上为实现其政治目标而调控经济,这是对现代政治经济学理论的有益补充。仍需重申的是,尽管我们看到一些经济部门的繁荣是政府干预的结果——无论是直接通过价格控制、补贴或赞助,还是通过间接保护,该成果都无法证明这些政策的有效性或可取性。关于帝国如何促进了整体的经济发展,由于缺乏可靠的经济理论并辅以适当的经验证据,经济学家们认为这种干预在全球总体上无效率的假设应被视为确定的。充其量只能说,在政治激励的性质上不存在可行的更有效率的政策。这只是对政治约束生产行为的方式的一种观察；而更有意思的是探究英国是如何在无效干预下发展起来的。

战争时期尤其重要，因为这些时期英国进一步施加了强大压力，来消除或限制从法国等竞争对手国的进口。战争促使双方考量贸易方面的商业政策，并从视贸易为零和游戏的思维定式出发鼓励制造业。

这也解释了为何从17世纪后期开始，随着英国人在葡萄牙的存在和影响力的增强，葡萄牙在英国贸易中发挥的作用愈发重要。英国人急于为他们的产品找到其他出口，因而利用了他们在葡萄牙的特权地位推动双边贸易协定，从而给英国产品提供了市场保证，同时开发了葡萄酒或亚麻制品等作为法国进口产品的替代。英国在葡萄牙的工厂实际上是英国人在葡萄牙土地上控制的小区域，用于生产和加工再出口的货物，这是双边政策的一个重要焦点。

英格兰和葡萄牙于1703年签订的《梅休因条约》(Methuen Treaty)允许英国商品特别是羊毛和棉布永久进入葡萄牙市场，以换取英国给予葡萄牙产葡萄酒和烈酒较低关税的保证，其税率绝不超过对其他国家葡萄酒和白兰地所征关税税率的三分之二。该条约虽然是在英国与法国交战时签订的，但其主要条款在西班牙王位继承战争结束后得以保留，甚至是加强。

然而，以牺牲进口为代价鼓励的出口，借此扩大贸易的企图所招致的政策，甚至在亚当·斯密和自由贸易主义者到来之前的当时的人看来都是自相矛盾的。其中最著名的是1689年颁布的为英国谷物出口商提供补贴的《谷物法》。1689年的法案规定，当出口商的小麦、黑麦和麦芽从国外进口或在国内消费时被征税，那么商务专员将向其提供补贴(Barnes，1961：11)。该法案的其他措施旨在将粮食价格维持在一个稳定的水平上以保护消费者的利益。

令人奇怪的是，尽管稳定价格的目标基本没有达成，且对谷物的补贴似乎也与国王鼓励制造业的意愿背道而驰，但关于补贴的抱怨却鲜有耳闻。直到18世纪50年代，人们开始质疑这样一种政策的可取性，它似乎提倡在国内减少谷物消费，且由于鼓励农业而非工业，同时也阻碍从可能购买英国工业品的互惠国进口农产品，因而似乎也妨碍了制造业的崛起。在英国农业生产率提高而农产品价格下降时，这一点可能并不显著，比如像在18世纪上半叶那样。然而到18世纪接近尾声时，英国在农业上不再自给自足，而是愈发依赖进口养活不断增长的人口。伦敦等城市地区尤其如此，这些城市区域出现了不寻常的增长和扩张。

考虑到英国海军的成功和卓越，我们并不意外英国商业政策的核心焦点就是帝国的扩张，努力不让法国等对手占据领土前哨，并刻意保护和促进帝国内部的贸易。此外，一旦利益集团从某个特定的殖民地、受保护的贸易或类似的殖民关系中获益，持续的寻租行为就会导致商人和政治家为继续干预的好处进行辩护（就如同今天的政治家误导性地辩称，大多数政府项目都创造了就业机会或保护了产业）。17 世纪末，超过 100 万英镑的殖民地贸易经过伦敦，因而存在巨大的寻租空间需要去争夺。但必须记住，这些贸易中有很大一部分是通过破坏或扭曲其他贸易来源而实现的，比如英法之间的双边贸易。因此，高水平的殖民地贸易并不代表英国经济从这种贸易中获得了好处。[1]

众所周知，重商主义哲学家的观点着重强调货币的重要性和对出口较之于进口的偏好，这些看法从 18 世纪开始备受挑战。熊彼特代表了之前和之后许多作家的观点，他指出，这种转变似乎是一种更广泛的意识形态变化的一部分："自由贸易的信念开始作为自由主义准则的一部分传播开来。对资产阶级来说，有效激励中充斥着官僚主义的过度管理……越来越多人将自由贸易当作个人自治的组成部分，意味着按照个人的计划开展贸易的一种自然权利。"（Shumpeter，1954：371）

这种批判在亚当·斯密的《国富论》中得到了完整系统的表述。该书通常被当作经济学的奠基之作，也是苏格兰启蒙运动中政治经济的核心著作。它从所有的自主贸易都是互利的这一观点出发，进而论述了贸易竞争催生专业化，从而增加了社会的净产出。其结果是在这样一个体系中，人们追求自身利益的同时也能够促进公共利益。

斯密代表了所有后来的自由贸易者，他谴责重商主义体系背后的思想，特别是其中将货币等同于财富的观念，或者说对贸易顺差的偏好。他不仅提到了对贸易的具体限制，特别是对法国的贸易限制，也论及同葡萄牙的《梅休因

1　有些人观察到因为法国人保护了自己的国内产业，所以英国人需要保护其出口，从而改进了前面的论点。但这正是后来亚当·斯密所批判的谬论。现代的研究仅能证实，在大多数情况下，以征收自己的关税来回应别人的关税，就如同谚语所说的"杀敌一千，自损八百"。

条约》的特殊性。他特别鄙视各种有关谷物的法律。其著作第四卷第五章主要是对各种补贴的批判，尤其是对农民出口粮食的补贴。在这一点上，他与亚瑟・杨(Arthur Young，1770)等人意见相左，后者认为农业价格低是《谷物法》正常运行的结果，同时又声称，这些补贴只是用来调整物价，而非提高物价。

有趣的是，由于人们愈发担忧英国将没有足够的粮食，并因鼓励出口而蒙受损失，因此也存在着要求修改法律的压力。目前还不清楚哪种力量占据上风，作为妥协，英国在1773年通过了一项新的《谷物法》，原《谷物法》的支持者和反对者对此都表示认可。学者们注意到，1773年《谷物法》可能只是正式体现了17世纪实际享有的平均福利水平，而并非监管制度的剧变(Barnes，1961：44)。斯密并不赞成继续发放补贴，但他支持降低税率(或者更准确地说，降低采用较低税率的门槛)以及减少补贴的金额。正如他在补贴一章的结尾所说，“我们或可沿用人们对梭伦法典的说法，虽然它本身并不是最好的，它是所有时期中对其保有利益、偏见和反对的人都愿意接受的最好的法律”(Smith，1776：Book Ⅳ，Chapter 5，543)。

斯密的影响之所以特别重大，是因为他对《谷物法》的评论在后来19世纪有关《谷物法》改革的辩论中发挥了重要作用。尤其有意思的是，在谈到他的著作对19世纪英国自由贸易的影响时，存在一种忽略斯密有关葡萄酒进口限制的言论(这些限制经常被其当作重商主义的例子)的倾向。然而斯密很快就指出，对法国葡萄酒征收比其他国家(尤其是葡萄牙)的葡萄酒更高的关税是多么不同寻常。在许多情况下，对法国商品征收的关税实际上是一种禁令。[1]斯密接着指出，法国对英国的出口也实行了类似严格的限制，但他也承认自己

1　在《国富论》中斯密写道：“对法国葡萄酒征收的关税比对葡萄牙或其他任何国家都要高。根据所谓的1692年关税条款，英国对所有法国商品按照价格的25%征收关税；与此同时对其他国家的商品大部分关税要轻得多，鲜有超过5%的。法国的葡萄酒、白兰地、盐和醋实际上被排除在外；根据其他法律或同一法律的特定条款，这些商品还须缴纳其他重税。由于英国人认为第一轮关税的打击并不充分，1696年又对除白兰地外的所有法国商品征收了第二轮25%的关税。此外，对每吨法国葡萄酒新征收25英镑的关税，对每吨法国醋新征收15英镑的关税。在各综合补贴中，或是对所有商品征收的5%的关税中，或在税率表中所列的大部分商品中，法国货物从未缺席。如果把三分之一和三分之二的补贴也算作完全补贴，综合补贴共有五种。因此在战争爆发之前，我们可以认为大部分法国种植、生产或制造的商品所负担的最低关税税率是75%。但对大部分商品而言，这些关税等同于禁令。”(Smith，1776，Book Ⅳ，Chapter：3)

并不太清楚法国的具体情况。

或许是出于日益增长的自由主义共识，以及与法国和平相处的愿望，英国于1786年和法国签署了《艾登条约》(Eden Treaty)作为双边协定。虽然该协定远不及1860年签订的《英法通商条约》影响深远，但值得注意的是，尽管《艾登条约》并没有回到17世纪的开放贸易，但它已经开始为减轻法国葡萄酒和烈酒的负担做铺垫。该条约的许多支持者希望其会成为此后达成的更广泛协定的先导。

然而，那些希望恢复与法国正常商业关系的人，却要因为法国大革命的爆发而失望了。法国困于自身革命、督政府、恐怖统治以及接踵而来的拿破仑上台和拿破仑战争，导致1789—1815年的四分之一世纪中，英国和法国两国再次陷于对抗，这距离1689—1715年损害了双边贸易的漫长战争正好过去了100年。《艾登条约》几乎没有时间产生全面的效果，而英国对法国商业政策的任何积极转变都要等到19世纪中期。

从法国大革命开始到拿破仑战争结束的25年，摧毁了欧洲主要国家之间改善贸易关系的所有希望。这一时期可能造成了政策方向上的分歧，而这种分歧将在整个19世纪对英国国内政策变革发挥重要作用。这一边的法国由于没收征用而系统地削弱了对财产权的保护，使其成为一张口头支票，此外还有一场灾难性的通货膨胀，恐怖统治的到来，然后转向独裁统治和帝国，企图排除英国在外建立一个欧洲大陆集团的愚蠢实验(Crouzet，1987)，当然还有长期的灾难性的战争导致的直接损失和间接损失；与此同时尽管受到重商主义的限制，另一边的英国则似乎在朝着一个更加自由的社会迈进。

19世纪末，在所有国内和国际商业领域实现更加自由的贸易的自由主义动向开始显著汇集，同时在财政压力下政府与经济之间的关联方式也亟待改变。有时这种改变被描述为直截了当的思想认识的转变，比如英国在18世纪是重商主义者，而在19世纪则是自由市场主义者。但这种说法忽略了来自现有利益集团的强大压力。我们所说的与马克思主义中将政策变化视为阶级斗争的证据并非一回事。准确地说精英对经济看法的改变，与更深层次上技术的结构性变化以及潜在的政治关系模式相互作用。后两者限制了什么是思想家和政治家能够达成的，但毫无疑问，有利于自由贸易的转变是真实存在的，即使当时人们并未完全理解为何所谓的斯密的观点得到广泛支持。[1] 尤其重要的是，即使拿破仑战争导致英国政府规模和功能的扩张，政府也没有以战争为借口扩大监管范围，而这恰是许多其他战时政权的特点。英国继续支持一种非常自由的资产阶级的产权观，从而产生了一种非常现代的，几乎是20世纪的方法来资助并发动大规模战争。

值得一提的是，这一时期最愚蠢的无疑是法国人，尤其是拿破仑想通过剥夺英国的贸易来摧毁英国的想法。所谓的大陆封锁，是要建立一个欧洲贸易区，在促进欧洲大陆内贸易的同时不让英格兰如先前那样从贸易中获利。目前尚不清楚法国在这些限制下实际遭受的痛苦是否比英国更多，因为限制与不列颠群岛的贸易，也一并限制了其与英国发明家的联系，而彼时他们正对纺织、钢铁、发电行业及其他制造业领域进行革命，这一时期后来被历史学家称为工业革命。我们注意到，即使在大陆封锁期间，英法两国也同意了一项有限的例外，在特殊许可下允许高档葡萄酒的小额贸易继续进行，以避免商业活动完全中断。[2]

事后看来，1815年拿破仑战争的结束是一个转折点。从1815年到第一次世界大战开始前这段时期内英法维持相对高度的和平，这一点并不寻常。与18世纪较大范围的战争相比，19世纪规模较小、较零星的冲突几乎没有扰乱西欧大多数人的生活，并延续了一个世纪，在此期间工业革命的成果传遍了整个欧洲大陆。从19世纪中期开始，即使是普通工人也可以观察到他们的工资和生活水平在稳步上升(Burnette and Mokyr，1995)，欧洲也前所未有地同时出现了人口总数和人均收入的双重增长。

拿破仑战争结束后，税收政策发生了重大变化。尽管英国成功地颁布了一项征收临时所得税的法律来资助战争，但反对的压力非常强大，以致政府在1815年提出的延长所得税的提议被立即击败(Douglas，1999：44)。一开始的

---

1 莫基尔(Mokyr，2003)在他对伊・赫克歇尔作品的回顾性分析中试图驳斥这些观点。他不仅简洁地展现了重商主义思维方式，并罗列了相关研究议题，来探究工业革命在多大程度上是源于或者伴随着更根本的思想转变，而这种转变耗费了一个世纪的大部分时间才完全实现。

2 克鲁泽(Crouzet，1987)指出战争的次要影响的一个重要例子，是法国为迫害胡格诺派教徒(Huguenots)所付出的代价。莫基尔也认为，"这些个体对整体经济的直接影响可能不是很大，但他们象征着允许存在不同意见的开明心态，进而造就了英国的启蒙运动，其意义要远大于直接影响。"(Mokyr，1999：39)

提议只寻求降低税率，但当这一提议被否决后，税收本身很快就被废除了。麦芽税(Malt Tax)，一项重要的战时措施，也为了让农业利益集团满意而被取消了。政府不得不在货币市场上寻求资金来支持预算。但英国议会中乃至整个国家的平衡也因此被农业利益集团所打破。

英国的经济重心迅速从农业转向工业，但这也带来了压力，迫使政府放弃有利于农民的政策，而代之以符合制造业期望的政策。与这些大趋势相匹配的还有自由主义意识形态的兴起，这种意识形态源自亚当·斯密及其继承者，强调更开放的贸易和更少的国内外监管所带来的益处。潜在经济利益的变化，以及引导许多统治阶级成员的思想转变，两者巧合地结合在一起为辩论铺平了道路，这场辩论最终废除了对谷物进出口关税的各种农业补贴，即通常所说的《谷物法》。1815 年英国对谷物开征进口税，一旦价格下跌到某个水平以下就会征收。后来随着价格的上涨法案进行了修订，于 1828 年后实行按照农产品的不同价格采用相应税率的浮动税率，价格低的时候关税最高。

关于废止《谷物法》的文献大量涌现，有兴趣的读者应该查阅一些专家的著作，了解导致 1842 年及之后预算变革的细节(如 Hilton，1989)。其基本观点是，一个由反对《谷物法》联盟领导的自由贸易者组织已经开始推动自由贸易，他们首先关注废除《谷物法》，然后通过废除所有其他税收和禁令，试图达到全面的自由贸易。

从 1842 年开始皮尔削减了数百个税项，同时提议征收新的所得税，以减轻关税所负担的财政收入压力。1846 年国会通过了一项废除《谷物法》和大多数其他进口关税的计划。然而，这些关税中的大部分对整体财政收入并不产生多大的影响，而许多关键的针对葡萄酒、白兰地、咖啡、茶、糖和朗姆酒等项目的关税却基本保持不变，或仅略有调整。尽管有人坚持认为，这些关税只是为了对应国内消费税而设立的，但它们的税率却远高于国内对如啤酒所征收的消费税。这些关税确实有效地阻止了最便宜的葡萄酒进入英国，但无法使关税收入达到最大化。如后文所示，这种做法之所以必要，是因为其保障了英国政府对国内酿酒业征税的能力(Nye，1993)。

政府的变革并没有扭转政策在制约下进一步自由化的趋势。英国首相威廉·格莱斯顿(William Gladstone)在 1853 年制定的第一份预算就再次降低了关税(虽然依旧是主要围绕贸易总额中比重很小的项目),并调整了国内税种。在此期间英国已成为世界纺织业的领导者,并开始见证工业革命的成果。自由贸易主义者在全世界范围内推动制造业向更加自由的贸易发展,但由于英国在葡萄酒关税问题上不妥协的态度,他们无法与法国或西班牙取得进展。最终,拿破仑三世治下的法国在 1860 年与英国达成了一项协定,使得英国大幅修改了包括葡萄酒在内的关税。作为交换,法国也降低了关税,同时撤销了对英国产品的所有禁令。

第三章　酒类的不能承受之轻：英国关税对法国葡萄酒的影响评析

我们依赖酒类获取的关税数额如此巨大，以至于除了那种令人即刻上头的最烈的酒之外，没什么值得我们买的。当某人要为一杯容量很少的酒支付6或9便士时，看在钱的分上他会选那种能让他上头的；他不会买优质、天然而相对清淡的法国葡萄酒，尽管那是被英国以外的所有国家公认为世界上最好的葡萄酒。英国人的口味被掺了杂，我们的人民，或者说那些买得起酒的人，更偏好具有麻痹性和煽动性的混合物，即波特酒，甚至还有雪利酒。

——理查德·科布登(Richard Cobden)，

罗奇代尔演讲(Rochdale Speech)，1861年6月26日

(Bright and Rogers，1908)

几个世纪以来，葡萄酒一直是法国最重要的两三个出口收入来源之一，葡萄也是17、18及19世纪最重要的经济作物。法国在世界葡萄酒市场的主导地位可以追溯到15世纪和16世纪，而其中许多主要产品的历史更为久远。然而葡萄酒这种广受欢迎且具象的商品，也很容易成为他国征税的目标。法国葡萄酒向他国的销售往往取决于不断变化的政治风向，到17世纪时，其在英国已经牢固地确立了主要进口品的地位，而克拉雷(Claret)，或称波尔多红葡萄酒，成为查理二世宫廷的首选饮料。但对法国人来说愉快的局面并没有维持多久。1670年一项对葡萄酒课征的“临时”税被延长了，而后又被更新为永久性的。自15世纪以来，英国对进口法国葡萄酒的担忧与日俱增，也迫使

英国逐步提高了对法国产品的关税，但同时仍让法国作为全球主要葡萄酒供应国。

在17世纪之前英格兰人曾试图确定其葡萄酒的进口量。许多酒类历史学家都曾通过聚焦英国与波尔多的直接贸易，来尝试计算英国从法国进口的葡萄酒规模，因为波尔多是法国最大的葡萄酒出口地区。17世纪中期以前的数据并不十分精确，但现有的粗略数据仍表明，15世纪和16世纪中某些年份的葡萄酒贸易规模，比17世纪后期特定年份的规模要大得多。

表3.1和表3.2的数据取自A. D. 弗朗西斯(A. D. Francis)基于M. K. 詹姆斯(M. K. James，1951—1952)和查尔斯·希格内特(Charles Higounet，1962)出版的著作《葡萄酒贸易史》(*History of the Wine Trade*，1972)。为了便于阅读，笔者将弗朗西斯笔下所有的旧桶单位都换算成了英制标准加仑。虽然具体数字有些令人存疑，但大致的范围就是如此，表明在15世纪和16世纪中每年350万～400万加仑的情形并非罕见。此外，如果我们接受安德烈·西蒙(André Simon，1909)的研究成果，那么在16世纪60年代末的某些年份，单从波尔多一地进口的葡萄酒就高达600万～1 000万加仑，平均值在500万加仑左右。

表3.1　　波尔多的葡萄酒出口总量

	桶	标准加仑
巅峰时期1303—1337年	83 165	17 464 650
14世纪中叶危机时期1337—1356年	14 282	2 999 220
黑太子爱德华执政时期(1356—1369年)	30 000	6 300 000
1366—1369年危机时期	11 400	2 394 000
1440—1453年困难时期	11 000	2 310 000

注：这些是最早的来自波尔多的数据，1桶＝252旧加仑(5标准加仑＝6旧加仑)。完整的英国进口数据并不存在，但据说在英国占领阿基坦(Aquitaine)期间波尔多一半的出口流入英国，而中世纪后期每年的出口在30 000～40 000桶。在百年战争期间出口下降了，到英格兰失去阿基坦(1453年)时仅为3 000桶。而后1475年出口额增加到5 000～6 000桶，1476—1479年增加到8 000～10 000桶。

资料来源：弗朗西斯(1972)。

表 3.2　亨利八世统治时期英国的平均进口量，按种类（16 世纪上半叶）

	桶	标准加仑
非甜葡萄酒		
A.	6 959	1 461 390
B.	1 604	336 840
甜葡萄酒		
A.	14	2 940
B.	103	21 630
马姆齐葡萄酒		
A.	687	144 270
B.	435	91 350
总计		
上半叶平均	9 800	2 058 000
1509 年	4 194	880 740
1521 年	17 518	3 678 780
1542 年	15 494	3 253 740

注：A＝英国船只进口（桶）；B＝外国船只进口。

资料来源：弗朗西斯（1972）。

这种估计大约是 1675 年海关给出的所有来源的葡萄酒进口总量的两倍甚至三倍，1675 年是首个可得的系统的官方估计数据。虽然路易十四战争前夕，英国巨大的葡萄酒进口规模令人印象深刻，但若考虑到葡萄酒消费中品质上的变化，以及 17 世纪提高关税的累积效应，这仍将低于英法两国间普遍实行自由贸易时的可能情形。

表 3.3　特定年份中英国的葡萄酒进口量

	桶	标准加仑
1675 年		
法国	7 495.0	1 573 950
葡萄牙	20.0	4 200
西班牙	4 012.0	842 520

续表

	桶	标准加仑
意大利	30.0	6 300
德国	539.0	113 190
总计	12 096	2 540 160
1677[a] 年		
法国	9 789.0	2 055 690
葡萄牙	177.0	37 170
西班牙	5 272.0	1 107 120
意大利	104.0	21 840
德国	808.0	169 680
总计	16 150.0	3 391 500
1679—1685[b] 年		
法国	0.5	105
葡萄牙	5 833.0	1 224 930
西班牙	5 781.0	1 214 010
意大利	112.0	23 520
德国	2 748.0	577 080
总计	14 474.5	3 039 645

注：数据在不同年份中大幅波动，西班牙在 1680 年和 1684 年分别高达 8 420 桶和 11 286 桶，葡萄牙在 1682 年、1683 年和 1685 年分别达到了 13 861 桶、16 772 桶和 12 186 桶，而在最后四年只有 1 000～2 000 桶。

a 对法国葡萄酒采取禁令之前

b 禁令期间的平均值

资料来源：弗朗西斯(1972)。

在工业革命及随之而来的中产阶级崛起之前的 100 年中，英国人仍然饮用大量的葡萄酒。鉴于接下来的一个半世纪里，已知的人口增长规模以及现代经济发展的程度，此时英国的葡萄酒消费可以说是处于婴儿期。事实上波尔多及法国其他地方的酒农们，虽然不清楚英国会在多大程度上成为未来一两个世纪中主要的经济力量，但他们对繁荣并不断扩大的对英贸易充满期待。

然而,随着国际政治形势的变化,英国开始向葡萄牙倾斜,且这种偏向也转化为有利于葡萄牙产品的关税政策。长久以来英国一直有意在葡萄牙开发一个葡萄酒市场,来抵消其对进口法国葡萄酒的依赖。

西班牙王位继承战争后敌对状态停止,这并未带来与法国的正常贸易。1713 年,英国议会否决了对法商业条约中的最惠国条款,同时继续维持与葡萄牙的《梅休因条约》。尽管法国葡萄酒(尤其是普通廉价酒)的平均酒精含量低于西班牙或葡萄牙葡萄酒,同等容量的价格也更低,法国的酒庄为每加仑付出的关税却要比西班牙和葡萄牙酒庄高得多。对法国白兰地(波特酒和雪利酒最可能的竞争对手)课征的税率甚至更高。[1] 最重要的是,以容量为基础征收关税意味着相对于最好的葡萄酒,廉价葡萄酒实际上承受了高得多的从价税。这使得几乎所有较廉价、较普通的葡萄酒都无法进入英国市场,直到 1860 年《英法通商条约》签订后,英国才降低了关税,并以酒精浓度为依据课征。

虽然无法获得在批发和零售层面按品质细分的葡萄酒价格的精确数据,西蒙(1909)制作了一张表格,让我们可以将典型的法国葡萄酒价格(包括普通廉价酒与更受欢迎的克拉雷),与酒精浓度更高的西班牙雪利酒[或称萨克酒(Sack)]的价格放在一起比较。总的来说以容量为基准,浓度低的葡萄酒中法国产品比西班牙产品便宜。对于普通饮料(不包括真正上等的克拉雷、香槟或勃艮第酒)来说,价格和酒精含量之间通常是一致的,这已经考虑到了所有必要的因素,包括风尚及国家来源所隐含的品质因素。不过显然每加仑普通克拉雷的价格是萨克酒/雪利酒/麝香葡萄酒(Muscadel)价格的 60%~75%。且当"法国葡萄酒"的分类越笼统(这可能涵盖了一些克拉雷酒,也可能没有),其价格就越接近甚至不到萨克酒的一半。

因此任何按容量征收的固定关税,都会令其涉及的葡萄酒和烈酒的需求量下降,并改变这两种产品的相对需求量。消费显然从名义上较便宜的产品转向较贵的产品,后者按绝对值计算仍较贵,但现在其相对价格下降了。这是基本的需求定律的直接结果。其最终的后果是实际上禁止了较便宜的法国葡

1 《梅休因条约》规定葡萄牙产葡萄酒将享有优惠待遇,其关税(按容量计算)不得超过法国产品关税的三分之二。

萄酒的进口。相对于所有其他竞争饮料,针对法国葡萄酒的这种关税是歧视性的,无论是上述萨克酒或后来的葡萄牙产同类饮料,还是本土啤酒、威士忌和金酒都无须缴纳关税。

即便1831年英国对所有外国葡萄酒依照容量征收同等关税,法国产品的进口也几乎没有变化,从中我们可以看出从量征收的固定关税实际上具有禁止性。因为西班牙或葡萄牙产葡萄酒的酒精含量要高得多,而且价格是已知的最便宜的法国进口葡萄酒的三倍,所以从价格来看其关税相对就显得无足轻重。直到1860年《英法通商条约》签订才带来一些关税调整,通过建立以酒精含量为主要基础的关税税率,而令其开始略接近从价税。

除了持续至19世纪中期的歧视性和禁止性关税问题之外,法国进口产品一直受到抑制,也是由于英国政府通过操纵国内消费税来为啤酒提供适当的保护空间。在1700年至1860年的整个时期中,英国持续进口的主要是质量和价格最高的法国葡萄酒与烈酒(如最好的波尔多克拉雷)。对这些产品的需求仍然强劲,特别是在收入分布顶层的富有人群财富增长的情况下,然而由于占总进口的比重较小,其关税的约束力也较弱。

实际上高质量、高价波尔多葡萄酒的发展,大多都是出于英国对法国葡萄酒实行固定从量关税的回应。整个18世纪,法国人都在努力生产和出口高质量、高价格的葡萄酒,然后卖给英国人。相对于背负沉重的关税后难以销售的廉价、短期饮用的葡萄酒,人们更欢迎有利于高品质和长期窖藏葡萄酒的发展进步。尽管法国为推动高端市场进行了种种创新和努力,但在18世纪的大部分时间里,上等法国葡萄酒进入英国的数量也比17世纪中期要少得多。

启发我们的是,调查海关和关税史的议会制度起草者,在回顾英国葡萄酒关税历史时于1898年发文指出:"让调查者好奇的是,在当下根据酒精浓度征收关税时,法国葡萄酒作为酒精浓度最低的葡萄酒之一,直到1831年都背负着从任何角度来看都最高的税率。"(Great Britain,1898:141)这些关税大部分是在18世纪实行的,目的是延续和强化查理二世统治时期对法国葡萄酒征收的严格关税。除此以外,威廉三世、乔治二世和乔治三世都对法国葡萄酒征收了新的关税,而这些关税从未对竞争性的西班牙和葡萄牙产进口葡萄酒征收,即使征收关税税率也低得多,因而基本上制止了除顶级葡萄酒以外所有的法国葡萄酒贸易。这些关税对提高财政总收入几乎没有什么作用;相反,他们有助于保护国内的烈性酒,并抵御了法国通过生产更优质、存放时间更长的葡萄酒来绕过从量关税的企图。

英国从17世纪中叶开始将其葡萄酒进口从法国转移到西班牙和葡萄牙,上述关税延续了这种努力,且到17世纪后期这种态势就已非常明显。最初的时候(1689—1713年的战争时期),一些法国葡萄酒以西班牙或葡萄牙产品的名义进入了英国。世纪初的贸易数据的确最为可疑,因为确实存在一种可能,即法国葡萄酒被走私到西班牙和葡萄牙,然后被贴上当地产品的标签再出口。但是长期的英法贸易禁令促使葡萄牙人再次努力提高葡萄酒的产量,而1703年的《梅休因条约》使得葡萄牙出口到英国的商品,几乎完全集中于葡萄酒和烈酒。英国人帮助并鼓励其在伊比利亚半岛的盟友开发可行的替代品,以替代他们的政敌和经济对手的优质产品。英国派代表去教授他们,有时甚至还为他们从事葡萄栽培的间谍活动。葡萄牙和西班牙的酿酒师从波尔多取得插枝,而英国的合作伙伴甚至是政府领事也推动发展了在品质上比典型的高酒精度产品更接近法国酒的葡萄牙产酒。克里斯蒂安·赫茨·德莱姆斯(Christian Huetz de Lemps)引用了来自南斯商业理事会(Nantes Conseil de Commerce)的代表卡索·杜·哈莱(Casaux du Hallay)的话说:

> (英国人)长期以来一直通过他们的领事和密使敦促这些国家(西班牙和葡萄牙)到处种植葡萄。但由于气候比法国炎热,生产出来的葡萄酒并不适口,因此他们设置了品鉴家,并派遣他们到这些地区去采摘不太成熟的葡萄,通过在常规采摘季到来前酿酒,生产出的葡萄酒就没有原先那么烈了。尚未成熟的葡萄改善了自然生产的酒的味道,从而使得酿制出的葡萄酒口味更接近于法国产品。(Huetz de Lemps,1975:118)

然而在整个18世纪,仿照吉伦特葡萄酒来生产葡萄牙葡萄酒的尝试几乎都宣告失败,英国人所选择的关税政策只是进一步增强了摆脱克拉雷酒的倾向;普通民众转而喝啤酒以减轻酒量,而上流社会的口味则仅限于最好的波尔多葡萄酒以及较好的波尔图葡萄酒。

所有促进伊比利亚半岛葡萄酒生产的努力都无法改变法国在生产高品质葡萄酒方面所保有的优势。整个19世纪法国在生产可以储存6年以上的葡萄酒方面占据绝对优势。而其在世界市场上的主要竞争对手西班牙,却还没有技术来生产高质量的、可持久保存的葡萄酒。依据克里斯蒂安(1975)的文章,现有记载最早的以波尔多方式(比如适合窖藏)生产葡萄酒的尝试是在1787年,但未取得初步成果。那个时候的西班牙葡萄酒,甚至无法经受跨洋贸易所需的长达一年时间的运输到达彼岸的新世界。在运往英国时,西班牙和葡萄牙的葡萄酒往往与烈性较强的白兰地混合以助保存。而对每瓶酒征收的高额关税,再次导致从法国进入英国的葡萄酒大多是高品质的克拉雷酒。

表3.4　英国从主要来源国进口的葡萄酒

1686—1689年的均值	旧桶	标准加仑	占比
法国	13 401	2 814 210	71.6%
葡萄牙	434	91 140	2.3%
西班牙	3 914	821 940	20.9%
意大利	159	33 390	0.8%
德国	796	167 160	4.3%
总计	18 704	3 927 840	100%

注:在1690—1696年的战争年间,除了头一年中进口的770桶,此后再无法国进口的葡萄酒。

表3.5　战争和禁令时期英国的葡萄酒进口

1690—1696年的均值	旧桶	标准加仑	占比
法国	0	0	0
葡萄牙	5 491	1 153 110	42.4%
西班牙	6 253	1 313 130	48.3%
意大利	61	12 810	0.5%
德国	839	176 190	6.5%
总计	12 954	2 720 340	100%

资料来源:弗朗西斯(1972)。

表 3.6 **英国的葡萄酒进口** 单位:旧桶

	法国	葡萄牙	马德拉岛	西班牙	其他	总计
年份						
1713	2 458	5 861	112	4 116	3 360	15 907
1714	1 196	8 652	308	5 605	2 872	18 633
1715	1 261	10 334	387	6 768	2 967	21 717
1716	1 568	8 923	179	4 718	3 417	18 805
10 年平均						
1717—1726 年	1 297	12 066	195	7 458	1 480	22 496
1727—1736 年	845	12 211	380	8 467	1 029	22 932
1737—1746 年	374	12 330	542	3 305	481	17 032
1747—1756 年	490	10 321	607	3 867	384	15 669
1757—1766 年	541	11 221	754	3 555	493	16 564
1767—1776 年	491	11 849	952	3 554	319	17 165
1777—1786 年	436	11 300	548	2 434	196	14 914

资料来源:弗朗西斯(1972)。

表 3.7 **英国的葡萄酒进口** 单位:标准加仑

	法国	葡萄牙	马德拉岛	西班牙	其他	总计
年份						
1713	516 180	1 230 810	23 520	864 360	705 600	3 340 470
1714	251 160	1 816 920	64 680	1 177 050	603 120	3 912 930
1715	264 810	2 170 140	81 270	1 421 280	623 070	4 560 570
1716	329 280	1 873 830	37 590	990 780	717 570	3 949 050
10 年平均						
1717—1726 年	272 370	2 533 860	40 950	1 566 180	310 800	4 724 160
1727—1736 年	177 450	2 564 310	79 800	1 778 070	216 090	4 815 720
1737—1746 年	78 540	2 589 300	113 820	694 050	101 010	3 576 720
1747—1756 年	102 900	2 167 410	127 470	812 070	80 640	3 290 490

续表

	法国	葡萄牙	马德拉岛	西班牙	其他	总计
1757—1766 年	113 610	2 356 410	158 340	746 550	103 530	3 478 440
1767—1776 年	103 110	2 488 290	199 920	746 340	66 990	3 604 650
1777—1786 年	91 560	2 373 000	115 080	511 140	41 160	3 131 940

资料来源:弗朗西斯(1972)。

表 3.8　英国从不同来源地进口的葡萄酒的比重

	法国	葡萄牙	马德拉岛	西班牙	其他	总计
年份						
1713	0.155	0.368	0.007	0.259	0.211	1.00
1714	0.064	0.464	0.017	0.301	0.154	1.00
1715	0.058	0.476	0.018	0.312	0.137	1.00
1716	0.083	0.475	0.010	0.251	0.182	1.00
10 年平均						
1717—1726 年	0.058	0.536	0.009	0.332	0.066	1.00
1727—1736 年	0.037	0.532	0.017	0.369	0.045	1.00
1737—1746 年	0.022	0.724	0.032	0.194	0.028	1.00
1747—1756 年	0.031	0.659	0.039	0.247	0.025	1.00
1757—1766 年	0.033	0.677	0.046	0.215	0.030	1.00
1767—1776 年	0.029	0.690	0.055	0.207	0.019	1.00
1777—1786 年	0.029	0.758	0.037	0.163	0.013	1.00

资料来源:弗朗西斯(1972)。

因此,在英国收入和人口快速增长的时期,法国葡萄酒被挡在了英国市场之外。[1] 英国农业和工业革命带来了需求的增长,这一个半世纪中英国人口也增长了四倍,然而法国葡萄酒商却并未从中受益。同样重要的是,在那个大

1　令人好奇的是,在 18 世纪到 19 世纪上半叶,大不列颠在这一时期被称作自由主义者,但在贸易政策方面却如此不开放。虽然在 17 世纪后期,英国的重商主义大于自由主义,但对大多数商品征收的从价关税平均约为 5%,而在 18 世纪后期通常超过 50%,甚至到 19 世纪 40 年代开始转向更自由的贸易时平均仍为 30%(Schlote,1952;Thomas & McCloskey,1981)。这些政策的根源在于 17 世纪后期英国参加的各种战争,这些战争迫使其利用贸易战来为日益增长的武力使用提供补充。

众品味形成的特殊历史时期，英国人无法获得廉价的法国葡萄酒，而 19 世纪的英国人显著地建立起了其独特的国家品味——下层大众喝啤酒和金酒，而高收入阶层喝雪莉酒、波尔图酒以及昂贵的克拉雷酒。即使在 19 世纪贸易改革之后，葡萄酒和烈酒的关税及国内税依旧导致法国无法给英国公众提供任何廉价到足以匹敌啤酒的佐餐酒[Briggs，1985：6："也没有任何葡萄酒像啤酒一样廉价——每品脱 2.5 便士"（引自《葡萄酒关税特别委员会的证言备忘录》，Minutes of Evidence of the Select Committee on Wine Duties，1879）]。尽管葡萄酒关税的设定应与国内的啤酒消费税一致，但英国贸易统计数据显示，从价课征基础上的啤酒消费税被设定在比葡萄酒的平均关税低 50%～60%的水平。

这些数字在某种程度上可能夸大了 18 世纪早期禁令的影响，因为在最初的 10 年或 20 年里存在大量的法国葡萄酒走私。但严格的从量关税至少消除了其他项目所常见的低报价值问题。此外，在葡萄牙和西班牙的英国利益群体的推动下，可行的葡萄酒规模化生产开始发展起来，进口或走私最便宜的葡萄酒的意愿也减少了，而对英国的饮料利益群体来说，这些最便宜的葡萄酒恰是最大的潜在竞争对手。然而有一现象抵消了走私意愿的减少，即走私几乎肯定都集中在较昂贵的葡萄酒上，因为昂贵的酒更容易被隐藏（相对于其价值来说），且关税的设定方式导致同样是葡萄酒，昂贵的葡萄酒税收负担最轻，从而大幅削减了普通葡萄酒走私。

平行的蒸馏酒：金酒时代的兴衰

烈性酒精饮料市场则呈现出一种相关但又不同的动态变化。在 17 世纪，作为一种家庭酿造的形式，蒸馏酿造中最简单的方法在整个英国十分普遍。而专业蒸馏法则在 17 世纪初开始成为一股重要的力量。此外朗姆酒也从殖民地被引进过来。尽管如此，1643 年后由于英国开始对所有本地酒征收消费税，专业酿造的烈酒的市场受到了抑制。最初用葡萄酒或苹果酒做的外国烈酒是免税的，但情况很快发生了变化，国内烈酒每加仑要交 8 便士的税，而外国白兰地和烈酒的最高税率高达每加仑 1 先令（Harper，1997：73—74）。

但这也仅是减缓了烈酒需求的增长。更有意思的是，外国产品的质量足够高，而本土酒的质量又足够差，以至于对前者的需求持续超过后者。据17世纪80年代的一些估算，英国国内生产的烈酒为52.7万～70万加仑，而单从法国一国进口的就有150万加仑。朗姆酒曾被认为是非常低劣的饮品，它被描述为“一种低贱的酒，任何有地位的庄园主……都不屑于喝它”（John Oldmixon，1741：73），但它仍然比英国烈酒更受欢迎。

只有在禁令和1689年战争来临的双重影响下，英国本土酿酒厂才获得了发展壮大所需的保护。和葡萄酒一样，战争见证了烈酒产业的繁荣，而战争结束后，英国开始征收禁止性的进口关税以阻止外国烈酒进入本国市场，并对法国而非对西班牙或葡萄牙征收惩罚性关税，同时承诺保障殖民地及本土的利益。1729年烈酒行业也再次获得了推动，政府允许将被没收充公的葡萄酒（由于走私或腐败）制成烈酒（Harper，1997：104）。然而，不同的是，烈酒产业的集中度并不像啤酒产业那样高，导致其最初扩张时不受约束且难以监管。

有些估算（Coleman，1977）声称，从1684年到1750年蒸馏酒产量的增长高达10倍。尽管最初时对蒸馏酒课税增加了税收收入，但到了18世纪早期，烈酒产量的上升却没有带来相应的税收增长。对麦芽的重税导致烈酒的生产转而使用未发芽的谷物（Harper，1999：135）。1729年的一部增加税收并采取许可制的法律似乎被广泛规避，导致其在1733年被废除。1743年烈酒产量的增长达到了顶峰，被官方征税的数量达到了820万加仑（Mitchell，1988：401），此外还有更多的秘密生产。这个烈酒消费增长并因当众醉酒引发不满的时期，通常被称为“金酒时代”。

金酒时代掀起了猛烈抨击酗酒和当众醉酒的禁酒运动。但该运动也引起了老牌蒸馏酒商及受到更严格控制的啤酒酿造商的关注。这最终导致了1751年颁布的《烈酒法》（The Tippling Act），其增加了烈酒的税收，最重要的是限制了烈酒生产销售的地点。18世纪50年代的粮食歉收也导致短期内对谷物酿酒的禁令，烈酒的产量因而从1750年的630万加仑下降到1757年的310万加仑，到了1758年仅为863加仑（官方统计），而1759年为零。蒸馏酒厂迅速倒闭或被拆毁。

最终对这种做法的不满和粮食丰收的回归，使得政府放松了对谷物蒸馏酿酒的禁令。然而高税收和严格监管的持续存在意味着，他们将面对政府在批发和零售层面更加严格的管控，已经关闭的数以百计的酒窖中只有 12 家得以重建。从 1760 年到 1780 年，官方公布的产量都徘徊在 200 万～250 万加仑，且至少在一个世纪的时间内都无法恢复到 1743 年的峰值水平（Harper，1999：182； Mitchell，1988）。

蒸馏酒的历史似乎与葡萄酒和啤酒的模式大致相同。初期大量进口而国内生产落后，接着是战争和城市化导致国外市场消弭，以及国内专业化生产的兴起。最终，伴随着和平时期对外国（如法国）进口的广泛管制，该行业得以发展壮大，同时本土产业也被当作扩大政府收入和监管控制的一种手段。

第四章　开端：17世纪末的贸易与欧洲各国的斗争

英国在本质上并不是一个葡萄酒生产国，事实上也不是，甚至也算不上一个真正的饮用葡萄酒的国家。各届政府不断为贸易回合设置障碍和负担；最重要的是，税收夸大了葡萄酒的珍贵性，远大于其应有的程度。

——约翰·阿洛特(John Arlott)，引自布里格斯(Briggs，1985：3)

除去1786—1793年这段短暂的时期……法国和英国之间商业关系的关键是战争、政治敌对及经济竞争。

——朱迪思·威廉姆斯(Judith Williams，1972：186)

英国人喝啤酒，法国人喝葡萄酒，这个现象已经存在了近三个世纪。一提到任何两百年前英国人所饮用的葡萄酒，种类似乎都局限于酒精强化程度更高的葡萄牙和西班牙产的波特酒及雪利酒，或是偶尔饮用的波尔多产的优质克拉雷酒。在英国人收入不断增长、法国人主导全球葡萄酒和烈酒生产的那段时期里，这种看法非常普遍，以至于人们能谅解因品味不同而造成的英国人的消费习惯与世界其他地区所存在的既定差异。然而专业的历史学家早就知道事实并非如此。这些"品味"的形成与经济和政治关系更大，而非与文化偏好或自然禀赋有关。直到17世纪末以前，英国人都在大量饮用葡萄酒，其中以法国产的为主，而数十年的战争及贸易保护所导致的商业政策转变，使得英国人的饮酒习惯在随后几个世纪中发生了显著变化。

在17世纪最后的几十年里，英国和法国的君主们有比买卖酒精饮料更重要的事情。然而，这是一个亚当·斯密(1776)和其他许多人所批判的“重商主义制度”的时代，他们认为这是当时典型的错误的经济理念。这两个国家重商制度的核心是对国际贸易流动的控制。商业，就如同生产一样，不应被简单地看作增加个人财富的手段，而是政府管理和国家权力扩张中不可或缺的部分。在这些专家看来，贸易顺差创造了政府，而政府则要规定贸易的条件。

由于葡萄酒是英国与法国贸易逆差中最大的一部分，它也成为英国政府和当地商人忧虑的主要源头。整个17世纪，英国的贸易保护主义者一直在谴责英国对法国的贸易逆差，而法国国王则热衷于维护其在国际贸易中被公认的对英国的支配地位。

关于新兴的国家机构应采用何种恰当的形式和方向，对两国国王而言，贸易政策都是其考虑的重点。现代民族国家的兴起，伴随着官僚机构的扩张，以及旨在为新政府提供资金的大规模集中征税运作。随之而来的观念认为，国家的经济福利是与其政治健康完全交织在一起的(Brewer，1988)。

英格兰当然没有像路易十三及路易十四统治下的法国那样实行专制统治。英国的内战使得决定性的权力既不在议会手中，也不在国王手中。詹姆斯二世依靠由强大的常备军支持的皇家机构维持稳定，而这一切所依赖的财政和经济事务则都要依从国会的意愿。如此财政安排避免了国王无节制地发动战争，而战争往往伴随着巨额财政需求。近乎矛盾的是，这竟使得长期中英国政府比法国政府更容易筹集资金。[1]

然而，无论十八九世纪英国的崛起与现代自由主义国家的兴起及工业革命的经济成就之间存在多大关联，其在17世纪的经济政策是绝对的重商主义。重要的是要提醒我们自己，17世纪和18世纪的英国政治家所持的经济政策思想，与他们的法国同僚的思想并没有太大不同。就算英国不存在完全

---

1 诺思和温格斯特(1989)对这种对立的价值进行了有力和直接的论证，它一方面限制了政治掠夺的程度，另一方面又自相矛盾地允许政府在协商好的领域中通过提高公信度和执行力加强管控。布鲁尔(Brewer，1988)更强调以较低成本有效征税的中央行政机构的建立，但他更依赖用地理和人口规模来解释为何英国能成功创建这样的政府，而法国却不得不依赖一个完全不同的架构。这种说法并不能解释变革发生的时机，他需要像诺思和温格斯特那样明确在何时及何种情况下政府结构会发生如此巨大的转变。

连贯一致的重商主义理论,在一个世纪以后亚当·斯密批判重商主义而对这一哲学思想进行界定时指出,实际负责制定政策和预算管理的英国政府官员,与法国的让·巴蒂斯特·科尔贝(Jean Baptiste Colbert)及其政府官员的理念是非常接近的。毫无疑问两国的情况并不相同,特别是考虑到他们所处的约束条件;即便如此,无形中引领他们的经济学原理也如出一辙。

英国的政治家们最终仍对贸易保持担忧,而且与大多数时期和地方的政治领导人一样,他们认为财政赤字对经济不利,而贸易顺差毫无疑问是有利的。[1] 因此,当我们看到 17 世纪英国人特意控制与法国的贸易状况,这也就不足为奇了。由于法国既是英国最近的邻国又是最重要的竞争对手,当英法贸易中包括再出口和国内最终消费的大部分产品,都是从法国流向英国而非反向,这种现象就引发了巨大的担忧。

对 17 世纪贸易流动的描述清楚地表明,英国存在巨大的商品贸易逆差,其中大部分可以归结于来自法国的进口。考虑到这些情况,英国和法国大力关注狭义经济福利的战略性政策问题,这种做法在某种程度上是合理的。持续支撑庞大且不断增长的军事机构的需要,至少部分解释了欧洲主要大国的重商主义倾向。获取货币的可能性被看作国家执行其最紧迫的任务——发动代价高昂的战争的必要条件。

在 17 世纪末,战争的代价尤其高昂,也尤其令人难以决断。九年战争和西班牙王位继承战使得 1689—1715 年英格兰(后来的英国)与法国一直处于冲突之中。这四分之一世纪的时间明确了两国的战略地位,而任何一方都不占主导。相反,它给两国政府各自留下沉重的债务负担,而这些债务在整个 18 世纪只会不断增加。

英国或许从冲突中获益较多。法国在这场斗争中并没有获得什么领土上的好处,而英国却在西班牙和葡萄牙市场上获得了强大的立足点,从某些方面

1　20 世纪的历史学家在讨论英国政策的基本原理时常反映出这种重商主义观点。因此,麦克拉克伦(McLachlan)告诉我们:"英国或其殖民地无法生产的奢侈品的贸易仍然存在,由于通常涉及金条的出口,因此这始终是英国政治家和经济学家的焦虑之源……有关这种危险的奢侈品贸易最好的例子是与法国的交易。英国消费者渴望白兰地、葡萄酒、丝绸、天鹅绒、蕾丝和上等细布,而法国凭借得天独厚的温和气候以及像英国一样高效的政府,足以发展起自己的农业、制造业和外贸。"(McLachlan,1940:5)

来看，英国实际上在后者的对外贸易中占据了殖民地位(Bonney，1995：321)。1703 年的《梅休因条约》为英国进入葡萄牙市场提供了保障，同时赋予葡萄牙较法国更优惠的贸易待遇。这反过来也将对英国葡萄酒进口贸易的演变产生长期影响。

上述行为与英国人的强烈倾向是一致的，他们想要摧毁对手的贸易，而非仅在战场上击败对方。举例而言，在比较英国与荷兰在 1689—1697 年间[九年战争或称奥格斯堡联盟战争(War of the League of Augsburg)]的政策时，G. N. 克拉克(G. N. Clark)提到英国人更倾向于对法国实行私掠：

> 英国人虽然也同样前后矛盾，但总体上倾向于反对它。英国人更具掠夺性，而非商业性，他们相信敌人的商业自由大大延续了其抵抗力量，以至于任何反向的益处都不足以为允许贸易辩护……在 17 世纪后 50 年中，荷兰人在为“自由船只，自由货物”签署条约，而英国人却在试图扩大禁运品的清单，并保留搜查中立船只的权利。(Clark，1923：5)

毫无疑问，贸易是法国和英国争端的核心。但令人惊讶的是，人们却忽略了法国在英国贸易中角色的急剧变化。尽管法国仍然是英国重要的贸易伙伴，但它再也不会像 17 世纪时那样在英国贸易中占据主导地位。尤其在对葡萄酒出口商的影响方面，财富的激变更多的是与战争及政治有关，而非与两国任何经济结构变化有关。

绝对数量上看葡萄酒贸易在法国经济中占据重要地位，同时鉴于英国葡萄酒关税在其总关税收入中的比重，经济史学家对前述问题的相对无视令人感到诧异。[1] 之所以会出现这种忽视，或许是因为大多数关于英国贸易和国民收入的出版物都没有追溯到 1700 年以前(Mitchell，1988)。到 1700 年时由

1 一个明显的例外是托马斯·布伦南(Thomas Brennan)最近写的一本关于法国内部葡萄酒贸易的书《从勃艮第到香槟：早期现代法国的葡萄酒贸易》(*Burgundy to Champagne*：*The Wine Trade in Early Modern France*，1997)。布伦南在书中还指出，学界对葡萄酒相对缺乏兴趣，部分是因为与农业中的其他部分相比，葡萄酒在农业总产出中的地位相对而言很小。但鉴于葡萄酒在商业贸易中的重要性，以及它在英法关系的政治经济中所发挥的重要作用，这个借口不足为信。

于两国陷于交战状态,与法国的贸易实际上已经不存在了,然而针对葡萄酒、烈酒及其他导致逆差的贸易项目的限制正如火如荼地开展。此外,17 世纪的贸易数据足以表明法国对英国贸易的重要性,以及 18 世纪国际贸易格局发生了怎样巨大的变革。

在整个 17 世纪,除战争以外的时期中,法国是英国最大的贸易伙伴。戴维·麦克弗森(David Macpherson)指出,到 1675 年时葡萄酒的关税已经达到税前零售价的约 50%,英国总计 400 万～450 万英镑的进口中,来自法国的占 150 万～170 万英镑,而从法国进口的有近三分之一是葡萄酒及烈酒(Macpherson,1805)。

在 G. G. A. 克莱(C. G. A. Clay)对 17 世纪英国贸易的讨论中,其数据也描绘出类似的情形。1699 年以前,克莱的数据主要来自伦敦的贸易。如表 4.1 显示,葡萄酒在英国进口中所占的份额最大,在世纪初其进口额在英国进口总额中占到近五分之一。1699—1701 年间,伦敦的进口中葡萄酒仍平均占到 10%左右。在该世纪的大部分时间里,至少有三分之二的葡萄酒贸易是与法国进行的,这意味着英国总进口中有高达 12%或 13%来自法国葡萄酒。

表 4.1　　17 世纪食品等的进口额　　单位:英镑

	伦敦				英格兰
	1622	1634—1640 年平均	1663—1669 年平均	1699—1701 年平均	1699—1701 年平均
葡萄酒	275 000	274 000	144 000	467 000	546 000
胡椒	87 000	48 000	80 000	103 000	103 000
糖	82 000	106 000	292 000	526 000	630 000
水果	80 000	145 000	196 000	135 000	174 000
烟草	55 000	171 000	70 000	161 000	249 000
香料	32 000	35 000	34 000	24 000	27 000
其他	54 000	52 000	129 000	167 000	240 000
总计	665 000	831 000	945 000	1 583 000	1 969 000

资料来源:克莱(1984:156)。

其他有关1689年前英国与法国的贸易规模的信息，可参见以下扩展的段落：

> 在某本启发了英国商人和许多其他作家的专著中，眼光独到的作者大声、客观地控诉道，对于消费法国葡萄酒和白兰地、丝绸、亚麻、帽子等的激励太多了。他观察到，尽管今年(1668)对法国葡萄酒征收的关税设定为4便士每夸脱，这使得零售价格从8便士上涨到了1先令，但我们的葡萄酒消费量依旧大得惊人，且几乎所有其他种类的法国商品亦是如此，与此同时凭借新施加的高关税、贸易障碍乃至于禁令，法国人消费的英国工业品和商品却不断减少，以至于今年英格兰在总体贸易平衡上遭受到极大的损失。
>
> | | | | |
> |---|---|---|---|
> | 英国从全球进口 | £4 196 139 | 17 | 0* |
> | 出口 | £2 063 274 | 19 | 0 |
> | 进口大于出口的总额 | £2 132 864 | 18 | 0 |
>
> 如此巨大的损失是由于我们同法国进行了全面的贸易。这种全面贸易被禁止后，1699年我们就获得了1 147 660英镑10先令9便士的贸易顺差。1699年由于没有同法国贸易，我们共收入3 280 525英镑8先令9便士，而到1703年贸易顺差增加到2 117 523英镑3先令10½便士。1703年，我们不与法国贸易所获得的总收入为4 250 388英镑1先令10½便士。这是一个非常有意思的想法。(Macpherson，1805，vol. 2：534)。

据麦克弗森的报告，1675年从法国进口到英国的货物约为150万英镑，而英国出口到法国的货物不超过17万英镑。他估计，1683年由于不能再出口到英国，法国人在葡萄酒和白兰地上遭受的收入损失分别达到20万英镑和8万英镑(法国的出口或许更低，这得益于“我们自己的蒸馏酒厂取得的巨大改进，以及对种植园朗姆酒的喜好大幅增加”)(Macpherson，1805：57)。这大

* £4 196 139 17 0代表4 196 139英镑17先令0便士，以下类似。——译者注

约是其估计的法国对英国出口总值(约 188 万英镑)的 15%(Macpherson,1805:610)。他还计算了免于从荷兰进口的价值约 170.2 万英镑的商品。在这两种情况下,他认为这些都是通过贸易平衡给英国带来的净收益。

九年战争和随后的西班牙王位继承战争切断了英国与法国的所有贸易,大大减少了葡萄酒、烈酒、各种工业品和众多奢侈品的供应。由于 17 世纪酒精饮料贸易在英国的进口中占据很大比重,因此英国的消费者转而寻求各式各样的替代品。在国内,廉价葡萄酒的彻底短缺让啤酒生产商开始受益。威士忌、金酒和朗姆酒酿造商们也得益于法国烈酒进口的削减。但啤酒和威士忌并不能完美替代波尔多红酒。为了满足英国人这种无法抑制的需求,进口商们转向其他国家购买葡萄酒。这使得英国增加了从西班牙的进口,而西班牙是法国在全球葡萄酒市场上面临的唯一有力的竞争对手,更奇怪的是,英国增加了从葡萄牙的进口,尽管迄今为止葡萄牙都不是葡萄酒和烈酒的主要出口国。

对西班牙和葡萄牙产葡萄酒实行的较低关税,使得葡萄酒供给的转移成为可能。由于计算这些关税的方式很复杂(这取决于进口货物是装在法国船只还是英国船只上,以及它们经过哪些港口),我们无法用简单的表格显示其差异。另外法国葡萄酒的基本税率已经提高到每桶 53 镑 1 先令,相较而言,葡萄牙和西班牙葡萄酒的税率上升为每桶 22 镑 12 先令与每桶 23 镑 8 先令。这种优待在 1703 年《梅休因条约》之后继续维持并更进一步,但值得注意的是,对葡萄牙采用优惠关税的总体模式在条约之前就已经存在,到了 1704 年,对法国、葡萄牙和西班牙的葡萄酒关税分别为每桶 57 镑 6 先令、26 镑 13 先令和 27 镑 9 先令(Fisher,1971:27)。

鉴于英国对葡萄牙这个没有现成葡萄酒产业的国家的偏爱,英葡两国在 17 世纪和 18 世纪早期的特殊关系就值得我们进一步研究。在许多方面英国对葡萄牙的影响巨大,人们兴许会说葡萄牙的部分地区曾是英国的殖民地。从 1654 年签署的《威斯敏斯特条约》开始,英国人逐渐收回了其给予葡萄牙人的极其优厚的待遇。

维奥莱特·希灵顿(Violet Shillington)与比阿特丽斯·查普曼(Beatrice Chapman)对英葡贸易关系史做了详尽的阐述,他们观察到在 1654 年条约中,

> 英国人想进口什么就进口什么，想贸易就贸易，不受垄断者的阻挠，不受固定价格的约束。英国商人理应和其他国家的商人接受同等待遇，但这一通用条款被具体化为各种非常明确的规定，体现了他们不时被赋予的特权。
>
> ……一些特别条款(3,20,21)还主张英国人有权按照与葡萄牙人相同的规定雇佣经纪人，有权佩带武器，住在他们选择的地方，且除了向国王或里斯本的议会缴纳的捐税外，他们不必缴纳任何费用。(Shillington and Chapman，1907：199—200)

随着与葡萄牙贸易的增长，来自葡萄牙的葡萄酒进口也在增长。鉴于英国在与葡萄牙的贸易中总是处于顺差地位，英国重商主义者开始注意到或可用葡萄牙产葡萄酒取代自法国的进口，特别是自波尔多的进口，因为他们觉得法国并未进口同等规模的英国工业品，导致英法贸易不平衡。出于政治和商业目的，英国在18世纪早期试图让葡萄牙卷入西班牙王位继承战争。在政治上，他们希望抵消法国与西班牙结成紧密联盟所带来的恐惧。这种恐惧包含英国人对葡萄牙港口的重要性的关切，尤其是当葡萄牙在1701年与法国和西班牙签订条约，意味着重新形成了一个不包含英国的联盟。葡萄牙港口对英国船只关闭，从而使得梅休因与葡萄牙谈判，葡萄牙最终回归英国的联盟，并在1703年签订了以“梅休因”为名的商业条约，这也可以说是一项巨大的附带好处(Sideri，1970：40—41)。

《梅休因条约》保证给予葡萄牙产品优惠待遇，以换取葡萄牙对英国纺织品和工业制品的自由进口。[1] 葡萄牙产葡萄酒要支付从量关税，但不超过法

1　希灵顿和查普曼写道：“英国经济学家认为，与葡萄牙的葡萄酒贸易的增长可以弥补失去与法国的贸易的损失，且迫切地列举出它的好处。法国的葡萄酒必须用钱购买，而葡萄牙的则可以用商品交换，一旦这个市场对英国开放，它就可以被用来考察刚刚建立的葡萄牙布料制造业，英国或许将再次向葡萄牙运送布料，就像它现在向葡萄牙运送围栏、哔叽和其他精纺织品一样。严格意义上的布料贸易在17世纪末几乎从葡萄牙消失……然而许多商人认为可以通过外交手段消除阻断贸易的种种限制。1697年里斯本的一些著名的英国商人写道，他们相信只要对英国人自身的遭遇提出强烈控诉，这一点是可以做到的，因为他们被禁止穿自己的衣服并因此缴纳罚款。他们声称，‘然而葡萄牙的绅士们绝不愿看到我们身着华服但自己却得不到’。因此，如果英国人坚决要求纠正这一点，葡萄牙政府可能会再次允许英国布料的自由交易，而非赋予英国在葡居民新的特权。”(Shillington and Chapman，1907：222)

国葡萄酒所要支付的三分之二。采用从量关税而非从价关税,在对法国产品的歧视中将发挥重要作用。然而只要葡萄牙拥有优惠待遇,就无法避免英格兰在它认为合适的情况下单方面提高整体葡萄酒关税。[1] 这普遍抑制了整个 18 世纪英国对外国葡萄酒的需求。

人们很容易过分强调当时的特定偏见,而轻视政治经济学在解释最终被选择且(更重要的是)被延续下去的政策方面的作用。战略考量的重要意义及对重商主义制度的渴望,影响了对政策的整体看法。与此同时,对外贸易的保护却成功地与国内贸易的进一步自由化携手共存。英国人整体倾向鼓励出口,但对于哪些商品的出口应该受到促进,以及如何促进的概念一片模糊。

即便是 18 世纪英国最杰出的学者,在讨论英国贸易政策的演变时,往往也会低估狭隘的商业利益的影响。例如,保罗·朗格弗德(Paul Langford)在看到英法之间的竞争是如此持久后声称:"若要阻止人们尝试修正这种根深蒂固的敌意,流传下来的偏见是最有效的。也许这就是在 1713 年英法和解时,博林布鲁克(Bolingbroke)雄心勃勃的商业和解计划遭到拒绝的原因;这或许也同时解释了为何 1716—1731 年间辉格党人在倡导与法国结盟时,也不愿重启这个计划。"(Langford,1989:176)

然而,朗格弗德提供的例子也恰好证明,用"流传下来的偏见"来解释 1713 年后采取的保护主义政策不尽如人意。尽管在辉格党执政的 1716—1731 年间,英国倾向于与法国结盟,但对法国葡萄酒的关税依旧很高,甚至还进一步提高了。考虑到赋予葡萄牙的优惠政策,最一致的解释是某些利益集团从 1689—1713 年间严格禁止法国进口中受益,从而发展壮大,现在他们企

1　希灵顿和查普曼也讨论过这种优惠待遇,他们说道:"然而波尔图工厂主要依赖的贸易——葡萄酒贸易,恰是法国战争的产物,也是由《梅休因条约》牢固建立起的。如前所示,废除《梅休因条约》和《乌特勒支条约》的企图并不成功。以损失法国的利益为代价,葡萄牙产的葡萄酒继续受到青睐。1742 年英国船只进口到伦敦的葡萄酒的关税取整分别为:西班牙葡萄酒每吨 25 英镑,德国葡萄酒每吨 31 英镑,法国葡萄酒每吨 52 英镑,葡萄牙葡萄酒每吨仅 24 英镑。从 1736 年到 1741 年的六年时间里,葡萄牙产葡萄酒的进口量超过了其他任何国家,平均是法国产的 20 多倍;尽管与葡萄牙的贸易据说最终依赖于巴西,但人们普遍承认,葡萄酒贸易是唯一能保留布料贸易的手段。"(Shillington and Chapman,1907:255)

图依靠保持对其有利的法规维护这种租金。[1]

朗格弗德还声称："抛开对政府财政收入所产生的影响，关税（在 18 世纪）日益被视为一种保护主义的手段，而非增加财政收入的途径。"（Langford，1989：175）但他的这种说法在保护性关税和产生财政收入的关税之间强加了不必要的二分法，并忽视了关税的实际规模及其与国内消费税的关系。关税在其课征期间产生了大量税收收入，同时其在总收入中的占比不断增加。更重要的是，保护性关税和国内消费税是一个综合的体系，被用来保护国内如服装和饮料生产商等利益群体。政府可以通过继续为其在面对国外竞争时提供贸易保护，来换取向这些生产商施加更高的税率。正如约翰·布鲁尔（John Brewer，1988）和帕特里克·奥布莱恩（Patrick O'Brien，1988）所指出的那样，现代国家的崛起正是得益于政府这种通过关税和消费税从民众那里攫取越来越多收入的能力。与其他许多政治经济学一样，我们的任务并非解释一项政策起源中的特殊细节，而是分析一项政策的存在、长期持续后果，及其对广大民众产生的总体影响。

结束与法国的敌对关系后，恢复贸易对政府内外的许多不同团体都很有吸引力，而与繁荣的法国恢复贸易的美好前景，引发人们对合适的政策路线发表了大量意见。1713 年出版的大量小册子、请愿书和分析书籍正好反映了这一点，这些出版物都有同一个目标，即影响议会对英法贸易的辩论。

《梅休因条约》通过后西班牙王位继承战继续升级，而受益于对法贸易的限制及与葡萄牙贸易的扩张，英国商人和酿酒厂开始反对与法国改善贸易关系。这场危机在 1713 年达到了顶峰，当时国会提出了一项法案，目标是恢复到类似战前的商业安排。那些推崇对葡萄牙和西班牙维持优惠待遇的论点，与整个 18 世纪初期被一再提出的观点如出一辙。

1709 年出版的一些小册子列举了"葡萄牙、意大利和西班牙商人谦逊地提出的反对进口法国葡萄酒以换取烟草（出口）的理由"（Anonymous，1709）。其中强调了葡萄牙人的交换条件，认为"英国自由进口法国葡萄酒可能会导致

1　当然，反对法国的商业利益并不是拒绝商业条约的唯一考虑因素。对托利党和平谈判的不满，以及对亨利·圣约翰·博林布鲁克（Henry St. John Bolingbroke）与詹姆斯二世党人运动的关联的担忧，也为强烈的反对提供了理由。

葡萄牙再次禁止布料贸易。因为英国从他们那里进口的葡萄酒规模巨大，而大量的布料也正是出口到葡萄牙的，出口为许多英国家庭提供了重要帮助，假使没有开展贸易，这些家庭早就破产了”（Anonymous，1709：1）。而实际上这与1713年时被提出的说法毫无区别：

> 与葡萄牙的贸易为我们提供了一些紧缺的商品，与意大利的贸易为我们提供了生丝，从而为伦敦、诺威奇、坎特伯雷等地贫穷而勤劳的纺织工人提供了工作机会。
>
> 所有这些贸易每年都在持续增长，就像我们对他们国家葡萄酒的需求也在增长一样；由此这个王国的航海家和海员们得到了极大的鼓舞，特别是到地中海去……但是小型船只需支付少量人工费，就可以从法国运来葡萄酒；这将削弱带来其他国家的酒的积极性，并进一步产生负面影响，以致这些船只中的大多数将会被搁浅并腐坏，或者回家终止运营。这些费用最终会附加到他们所装载的英国商品上，而价格上涨会减少这些商品的出口；无能为力的西班牙人、葡萄牙人和意大利人也将为此付出同样的代价。因为没有任何一个国家能拿走另一个国家的商品（即使西班牙人用他们所有的矿藏也不行），除非他们同样拿出自己最好的商品。（Anonymous，1713d：2—3）

保护主义者争论的核心，是英国面对西班牙和葡萄牙的支持而感到对后者有所亏欠。抑或如上述小册子所说，“最支持我们的那些国家，也应该受到我们最优厚的待遇”（Anonymous，1713d：1）。葡萄牙和西班牙购买了相当数量的英国工业品，特别是纺织品，以换取向英国消费者出售葡萄酒或食物，而法国出售了更多的葡萄酒给英国，却没有反向进口英国产品的需求。支持法国既会破坏与葡萄牙的良好关系，也会因法国亚麻和毛织品的销售而破坏英国自身的贸易。

一些小册子使用了如“考虑到与法国、意大利、西班牙和葡萄牙的贸易，将法国葡萄酒、白兰地、丝绸及亚麻关税降低到与其他国家同等水平的法律会带来的后果”这样的标题，试图证明一旦采取有利法国甚至是中性的态度，好比17世纪第三个25年期间的那种典型做法，英国政府和人民将会遭受怎样的损失。尽管人们普遍认为法国将在拟议的条约中比英国做出更大幅度的关税削减承诺，但对法国贸易潜力的担忧足以让许多寻求关注的游说团体无法接受这样的安排。[1] 一些小册子的作者在经济考量中穿插了战略性的思考。[2] 还有人清楚地说明了贸易政策在与葡萄牙及法国的战略谈判之间的相互作用，从而使得人们特别关注法国对许多英国纺织品施加的禁令。[3]

从根本上讲，相较于葡萄牙本身的需求，英国更在意其在葡萄牙及西班牙的殖民地。鉴于18世纪头40年中，英国出口增长的一半可被归因于与这些帝国属地的贸易，这种观点有其合理性。法国并未被视为一个合适的贸易伙伴，部分是出于政治利益，但主要是因为法国凭借其产品的多样性，以及关税

1　关于这一方面，有一本小册子提出：“因此，根据这个条约法国对我国出口品关税的降低幅度，比我们对法国进口品关税的降低幅度更大，这样说是毫无意义的。……假设之前我方对法国进口品的关税是500%，而法国对我方出口品不设关税；假设就算法国的税收宽松，我们还是无法向其出口任何货物，而即使英国的税收繁重，法国仍要大量的产品进口；如果通过这种方法收支比以前更不平衡；假如我们的土地价值下降，更多的穷人要依靠教区；商人说的上述一切都不足支持他的目的。”(Anonymous, 1713)

2　有本小册子名为《葡萄牙、西班牙和意大利的商人谦逊地提出了反对法国葡萄酒进口到大不列颠的理由》(*Reasons Humbly Offer'd by the Portugal, Spanish, and Italian Merchants, against admitting French Wine to be Imported into Great Britain*)，其中指出：“有三种人出于共同的利益联合起来，努力让法国葡萄酒自由进入英国。第一种人是与法国的烟农或其在英国的代理人达成协议，从而垄断了整个法国向英国的烟草出口，并借此成为法国葡萄酒在这里的唯一进口商。第二种人通过地下贸易向法国出口羊毛和违禁品，并从那里进口该国的阿拉莫德绸、亮绸、亚麻织品和其他制造品，从而推翻了本土的丝绸制造业，现在他们完全达到目的。第三种人则很乐意获得机会来传达和接收对政府不利的思想认识。”(Anonymous, 1713c)

这本册子继续提道：“就算不会对私营商人，或这个王国与其他地区的贸易以及毛制品生产造成损害，为法国的葡萄酒提供这样一个出口必将为其带来好处，而对我们政府及整体国家所带来的坏处却是无法避免的……毫无疑问只要法国国王的国库耗尽，他就会拿出100万法郎的资金来换取这种贸易自由，而这种自由却是自工业革命取得成功以来，各届议会都小心翼翼地采用了许多法案试图阻止的。”(Anonymous, 1713c)

3　有本小册子名为《与葡萄牙和西班牙贸易的商人谦逊地提出了理由来反对中止向法国葡萄酒征收每桶£25关税的条例》(*Reasons Humbly Offer'd by the Merchants Trading to Spain and Portugal against the Bill for suspending the Duty of 25 £. per Tun on French Wines*)，声称：“以前葡萄牙国王禁止布料进口到他的王国……考虑到葡萄牙葡萄酒能比法国葡萄酒少支付三分之一的关税，他取消了这一禁令条约……当然如果法国葡萄酒的关税低于与葡萄牙国王签订的条约规定的水平，一旦违反条约，对我们纺织品的禁令就会被再次启用；我们卑微地提出，在这种情况下，我们非常担心法国国王会利用这个机会向葡萄牙引进其臣民所生产的布料……这样，我们可能将永远失去那个王国的布料贸易。”(Anonymous, 1713b)

保护对奢侈品行业的助力，理所当然没有英国产品的市场。

理查德·邦尼（Richard Bonney）进一步指出，世界竞争的重要性促使英国着重部署强大的军队和舰队。在这一视角下，英国耕耘伊比利亚的伙伴关系，目的是通过远距离的殖民贸易促进英国海军的发展（Richard Bonney，1995：322）。

事实证明这些游说者的行动对政策的形成卓有成效。1713 年英国国王试图以商业条约为基础与法国恢复正常关系，但在同年 6 月遭到了议会的强烈反对。这次否决也标志着关于英国贸易的最新统计数据第一次被实质性地纳入政治辩论，并成为重商主义者就经济原则所发表的声明的基础（Clark and Franks，1938：18）。

所有这些活动都伴随着并同时导致海关管理职责的大幅扩张。虽然 1660 年颁布的吨税和磅税法案中只有葡萄酒、磅税和羊毛这三项在列，但在接下来的几十年里，对课税商品范围及有关进口和关税的复杂规则真正地爆发了。提到这一变化时，M. J. 布拉迪克（M. J. Braddick）举了一个例子："有一个商人进口了 20 令法国纸……按不同名目缴纳了 13 项税。"（Braddick，1996：58）除此之外，还有各种直接的贸易限制（如禁运），这些限制常因战争和政策的摇摆而变换。

布拉迪克通过关税行政管理的历史讨论这种制度的转变，他过度强调了行政结构的变化是复杂关税规则的"成因"。他主要关注均衡的供给侧，因此忽略了供给变化对财政收入增长及贸易保护需求的推动。而供给的变化主要不在管理，而在支持方反对贸易更加自由的政治平衡中。

他（和其他历史学家）往往错误地认为，"葡萄酒进口……不与国内生产发生竞争"（p. 121）。[1] 虽然笔者在后面的章节和附录中阐述了关税对经济的全面影响，但在这里笔者要指出，当时的人们确实意识到葡萄酒贸易已经且将会对他们的生活所产生的影响。

由于存在与法国正常贸易（尤其是葡萄酒）的可能，1713 年的酿酒商及蒸馏酒商写了各种请愿书来回应，尤其针对其与本土替代品之间的竞争，驳斥

1　虽然布拉迪克指的是 1660 年之前的时期，但从他的讨论中可以清楚地看出，他并没有注意到这种替代，因而也没有注意到提高关税和限制葡萄酒进口中所固有的保护主义可能。

了没有什么需要保护的说法，并清楚地表明，一个重要且有影响力的选民阵营明确意识到了这种联系。

许多人希望完全彻底地破坏英国与法国曾经良好而稳定的贸易。这种想法确实受到了批评，尤其是来自古典自由主义的开创者。其中最著名的批判是来自大卫·休谟的论文《关于贸易的平衡》(Of the Balance of Trade)，他指责道：

> 我们对法国的嫉妒和仇恨是无止境的；至少，必须承认这一观点是合理且有充分依据的。这种狂热在商业上造成了无数的壁垒和障碍，而我们也因此被指责为商业上的挑衅者。但我们从讨价还价中又得到了什么呢？我们的羊毛制品失去了法国市场，葡萄酒贸易转移到了西班牙和葡萄牙，从那里我们以更高的价格购买更劣质的酒。假使法国葡萄酒能在一定程度上与所有的啤酒及本土酿酒一样，以同样低廉的价格和充足的供应量在英国销售，那么几乎所有英国人都会认为他们的国家完全被毁了。但只要我们放下偏见就不难证明，法国葡萄酒是最无辜的，且与法国的贸易兴许对我们有利。在法国为了向英国供应葡萄酒而种植的每一亩葡萄园，都对应着法国人必须从英国种植的一亩地里获取维持生计的小麦或大麦。很明显，我们应该借此换取更好的商品。(Hume，1777，essay V，第 16 段)[1]

18 世纪关税的上升主要使法国葡萄酒和白兰地的竞争行业受益，如麦酒和金酒，同时也保护了国内丝绸、棉花、亚麻和白纸的生产(Clay，1984：213)。

1　同样值得一提的是他和同时代的许多人一样，认为法国葡萄酒是直接竞争对手，因此可以作为英国麦酒的替代品。一组匿名撰写的集子《关于大英帝国现状的政论》(*Political Essays Concerning the Present State of the British Empire*)回应了休谟的观点，指出法国进口的英国布料数量不足以交换它所出口的葡萄酒(Anonymous，1772)。该作者调查了自 17 世纪中叶以来的贸易变迁，赞许地提到了英法贸易的大幅下降，他辩称，“如果我们认为贸易的伟大之处在于劳动力的出口，或者换句话说，以外国人的钱雇用我们的穷人，那么就有充足的理由认定我们的祖先对法国的贸易施加如此限制是出于政治目的，因为从这种贸易的自然结果中获得所有的好处，都不是对我们的，而是对我们的敌人的”(essay VI，p. 468)。

虽然这些物品对于 18 世纪的财政及其他方面而言无足轻重,但各类条约中却无一例外包含对纺织品的保护,比如与葡萄牙的《梅休因条约》,就以葡萄牙对英国布料出口的开放政策,换取其葡萄酒产业在英国市场上的相对优惠待遇。

有意思的是棉花,作为英国工业革命核心的纺织业的一个分支,其在这些政策转变中发挥了重要作用。而实际上毛纺和亚麻工业本应是保护主义法规的首要受益者,这让我们对受保护行业停滞不前的性质,以及新兴的且(起初时)通常在政治上不重要的部门的创新增长产生了有趣的猜测。

法国的视角

法国人早就认识到英国和荷兰在法国出口贸易中所起的重要作用。正如 T. 马尔韦泽(T. Malvezin)在他有关波尔多历史的文章中指出的那样,法国大臣科尔贝(Colbert)对其在 17 世纪中期建立的贸易体系存有几项疑虑(Malvezin,1892. 8,Ⅷ:268)。他希望将进口货物的关税提高到足以完全消除对法国产品的强烈竞争的程度。根据 M. 德 · 苏齐(M. de Souzy)的说法,这种关税不应挑起对法国产品的报复性关税。尽管科尔贝认为有可能在避免极端反应的同时完成这项艰巨的任务,但许多支持者表达了他们对此的担忧。

在一封日期为 1669 年 8 月 8 日写给科尔贝的信中,M. 德 · 苏齐提醒他不要做任何迫使外国设法摆脱法国葡萄酒的事情。[1] 显然这个建议被无视了,或许存在充分的理由这么做。至少在短期内(1689 年的九年战争爆发之前),英国关税的上升并没有高到阻止法国作为英国葡萄酒和烈酒的主要供应者地位。例如,在 1670 年谈到关于英国对法国葡萄酒征收新的关税后荷兰的反应时,科尔贝指出他认为英国新的关税不太可能持续下去,因为英国人无法停止饮用法国葡萄酒。[2]

科尔贝认为,他已经成功地稳步提高从英国进口的某些关键项目的关税,

1　科尔贝确切的措辞是:“我们必须小心……不要过分强迫外国人寻找方法摆脱我们的葡萄酒。”(Malvezin,1892:285)

2　科尔贝指出:“英国议会对我们的葡萄酒征收的新关税让荷兰人感到高兴……这不会持续太久……英国人很难甚至不可能不喝我们的葡萄酒。”(Clement,1863:524,359)

而没有激起他所认为的英国人的持续反应。从长远来看，这被证明是一个巨大的错误。在整个17世纪或18世纪，被法国排除在外的他国商品不会也从未在法国贸易中占据很大的地位，而他国对法国葡萄酒根本上的排斥却产生了实质且持久的影响。[1]

为什么法国人不太担忧与英国的贸易政策，乃至鼓励一场贸易战呢？（这场贸易战最终对法国的损害要大于对英国。）首先，国际贸易在法国经济中所占比重一直相对较小。法国经济规模庞大且高度多样化，生产的商品种类繁多。人们更多地从政治因素而不是宏观经济影响的角度看待贸易政策，这并不奇怪。其次，重农主义理论也不太重视贸易。对于重农主义者来说，农业是一个国家唯一真正的财富来源，也正是经济应当关注的焦点。甚至18世纪主张贸易自由化人士的观点也如出一辙，他们认为相对于如何推动国内和国外更自由的贸易，与英国的贸易问题是次要的。

国内关税是比外部贸易保护更值得关注的问题。法国内部运输的问题加上国内关税的变幻无常，导致巴黎和法国西部连接南部和东部乡村的交通，甚至比从英格兰到波尔多的交通要困难得多。这些内部通行费及其协调问题，源于17世纪法国国王所面临的整个税收征收问题。科尔贝的改革旨在解决这些问题，但最终在简化或消除内部贸易壁垒方面收效甚微。因此国际贸易问题就退居其次。

就连1786年与英国就《艾登条约》进行的各种谈判，也常与对法国单一关税计划的潜在支持存在关联，该计划试图取代所有法国国内的关税。对于改革者和重农主义者来说，只有当废除或重组内陆关税，并以统一的、易于征收的消费税取代复杂的税制后，向英国商品开放法国港口的举措才有意义。在烦冗的内陆关税的影响下，法国实际上被分割成几个自给自足的地区，因而相较于其对法国工业造成的影响，英国和法国的外部关税造成的损害似乎微不足道（Bosher，1964）。

1　我们略过了科尔贝在促进或损害法国整体经济上的影响问题。当然人们常说的论点是完全有道理的——科尔贝以国民经济的健康为代价，成功地促进了政府财政的健康，但就目前而言，这种说法大多还没有得到证实。另外，有些轻率的论点［如 Ladurie(1991)］认为，科尔贝公然鼓励制造业和工业的愿望，以及他在某一两个领域的显著成功（如羊毛和亚麻）代表了经济政策的成功，这显然是标准的以偏概全，把受保护行业的良好状态等价于整个国家的成功。

波尔多是国内关税的主要受害者,因为西南地区的出口商一直是法国葡萄酒销往国际市场的主要经销商。英国是他们主要的出口市场,非但如此,其实波尔多人的产品很难在国内找到销路。法国的地区间贸易一方面受到大量国内关税、税收和规章制度的阻碍,另一方面不发达的交通运输网络也限制了商品和信息的交流。只有与各路中间商建立了密切关系的大酒厂才有可能在巴黎销售他们的葡萄酒(Brennan,1997:275－76)。尽管托马斯·布伦南(Thomas Brennan)谈论的主要是勃艮第,但人们可以普遍地看到:“在葡萄酒贸易中权力展现出商业资本主义的经典形式,其基础不是对生产的控制,而是对市场的控制。”(Brennan,1977:277)

波尔多人竭力弥补这一不足,他们开发和推广更高质量的葡萄酒销售给英国市场。虽然从酒精强度上看,法国白兰地的进口被认为最有可能与波特酒和雪莉酒相当,但也被英国排除在外,这是因为法国的白兰地及烈酒的税率与葡萄酒不同,而波特酒和雪利酒则被视为葡萄酒。他们唯一的选择是鼓励生产高档葡萄酒和白兰地。固定的关税意味着商品的价格越高,人们对其税负的感受就越轻。由于廉价产品缺乏市场,生产商别无选择只能把葡萄酒当作奢侈品生产。所有的激励措施都迫使他们推销价格更高的产品,而忽视了任何建立大众市场的可能。

历史记载中 18 世纪早期,廉价劣质葡萄酒的产量不断增加,特别是在巴黎周围的许多地区,政府对所谓的“生产过剩”十分恐惧,从而导致了 1731 年的判决(Arret of 1731),这一规定禁止进一步将谷物用地改为葡萄园。然而这项法律却遭到了广泛的反对(Brennan,1997:244)。

当顶级商人和资产专注于高端市场的时候,廉价葡萄酒的普及,与法国在国际贸易(尤其是与英国及荷兰的贸易)中遇到的更大困难完全一致。尽管对法国葡萄酒的有效需求下降和固定关税促使商人努力推广高档葡萄酒,但廉价、中档产品失去了国际市场,意味着即使在生产率和产量正常增长的情况下,法国国内面临的压力也与日俱增。越来越多无处可去的廉价葡萄酒只能在当地消费,而随着这种小规模生产的葡萄酒的普及,整个法国的葡萄酒价格都下降了。考虑到国内贸易的高昂成本以及国际市场的残缺不全,顶级酒庄几乎没有动力组织起来,从低质量的葡萄酒中获利。其结果是一个实质上的双层市场:最好的葡萄酒由能够进入全国市场,尤其是巴黎市场的有权势的经销商交易,而一大批规模庞大但组织混乱的小生产商则主要面向本地或区域市场销售。

尽管如此,葡萄酒商们对重回好时光的期待从未完全湮灭。1786 年《艾登条约》首次谈判时,葡萄酒是其中一个重要部分,人们希望随着时间的推移,这将带来关税的大幅下降。但当法国大革命终止了两国之间的所有贸易,并阻止了正常贸易关系的恢复时,所有的期待都破灭了。拿破仑战争结束后法国才重新恢复到 18 世纪的贸易状态。直到 1860 年《英法通商条约》签订,两国才对贸易平衡真正进行了有实质影响的改革。

就连 1860 年《英法通商条约》在 19 世纪中期所带来的好运也并非毫无瑕疵。法国葡萄酒产业在英国所经历的长达几个世纪的厄运,在 19 世纪 60 年代进一步恶化,一场瘟疫以粉孢菌的形式降临,预示着更著名的葡萄根瘤蚜的爆发。贸易改革的确为法兰西第二帝国的葡萄酒生产商(尤其是波尔多人)带来了幸福和繁荣的时光,他们企盼能重新占领法国最重要的出口市场。但法国确实受制于粉孢菌而无法为更开放的市场提供供给。随后的根瘤蚜灾最终阻止其在 19 世纪 80 年代进入英国市场。这场灾难恰巧发生在法国开始恢复其在英国进口市场中的份额(1880 年约占 40%)及消费水平的时候(19 世纪 70 年代末和 80 年代初每年从法国进口的葡萄酒达 300 万～400 万加仑),而考虑到法国在世界葡萄酒生产中的地位、其税前市场份额以及英国当时的收入水平,上述市场恢复本该是意料之中的。

从 18 世纪开始,葡萄牙和西班牙取代法国成为英国葡萄酒的主要供应国,而对葡萄酒和烈酒的关税则比 17 世纪高得多。英国对法国的贸易逆差已基本消失。英国资本以葡萄酒商、货运商及经销商的方式进入葡萄牙,从而将葡萄牙经济与英国经济牢不可分地联系在一起。这种双向安排讽刺了李嘉图关于具有简单比较优势贸易的后续特征的观点。

第五章　反事实：果真如此，那又如何？

我们无从得知假使法国葡萄酒一直在英国人的餐桌上受到欢迎，英国人的饮酒习惯会是怎样。人们提出的各种测算只是夸张地表现了所观察到的英国人品味的隐约改变。不必设想英国人主要喝葡萄酒而非啤酒的情形，我们只需假设啤酒是大多数人的主要饮料，而葡萄酒在这个国家的饮料摄取中所占份额比实际观察到的高得多。以上都假定品味是外生的，而相对价格改变边际消费水平。此外，如果人们对啤酒和葡萄酒的偏好部分是由内生因素决定的，那么关税的影响可能会更大。在某种程度上，一个国家的人对于任何东西形成品味都要经过动态的学习过程，具有规模效益递增的特性，任何反事实的推测都会低估近两个世纪的战争、关税以及向法国产品替代品的生产商提供的各种补贴和激励，对英国葡萄酒消费所产生的影响。

在进行一项反事实的研究之前，让我们首先树立一个观念，即有理由相信英国进口的法国葡萄酒对被课征的关税非常敏感，且存在可替代性。这同时适用于法国葡萄酒与葡萄牙和西班牙产的葡萄酒，也适用于葡萄酒与其他饮料，如啤酒甚至茶。经济学家知道，技术上所说的替代概念单纯指一种商品的消费受到另一种商品消费增长的负面影响的情况。更准确地说，商品 X 和商品 Y 互为替代品的程度，取决于 X 商品的价格上升一个百分比导致 Y 商品的消费增长了多少百分比。

因此寻常所说的“替代”，其定义不如经济学上的那样宽泛。很多人都不愿相信不同种类的葡萄酒之间存在替代性，更不用说葡萄酒和啤酒，甚至于葡萄酒和茶之间的替代性了。诚然，两种商品越不类似，它们就越不可能相互成为好的替代品，但有直接证据和概念上合理的理由相信，无论短期或长期，上述大多数酒精饮料都存在无法忽略的替代效应。啤酒和葡萄酒在17世纪都是被广泛饮用的酒精饮料。即使在今天，酒精饮料的制造商也明白，啤酒和葡萄酒占据了酒精消费谱系的一端，而另一端是威士忌、金酒或白兰地等烈性的强化蒸馏酒。

葡萄酒和啤酒也是饮料，因此会受到其他饮料（包括水、茶和咖啡）消费的影响。艾伦·麦克法兰（Alan Macfarlane）引用了戴维·戴维斯（David Davies）的话，说明18世纪麦芽税的提高是如何驱使许多人远离啤酒进而逐渐转向茶的（Macfarlane，1997：132）。此外，啤酒还代替了水，在下层社会中被当作热量和维生素的补充，甚至占到日常饮食的很大部分。事实上，关于水不适合人类饮用的证据最早可以追溯到圣经时代。众所周知，啤酒和葡萄酒不含病原体，因此是摄取液体和基本热量的优质来源。19世纪前人们都没有安全的饮用水来源，也没有广泛可得的安全的酒精饮料替代品，直到茶和咖啡传入西方（Burnett，1999）。

根据对私人生产的啤酒消费量的假定，我们可以估算出17世纪末的英国人平均每天消费1～2品脱啤酒，即每人每月消费4～8加仑啤酒。该世纪早期的葡萄酒进口数据则表明，尽管当时葡萄酒的关税很高但仍非禁止性的，而在17世纪中期以前，英国人要消耗一加仑的葡萄酒。这两种产品的人均消费量的差距扩大，是由西班牙王位继承战后的关税所导致的。鉴于在现代中产阶级崛起之前的时期中葡萄酒进口规模的重要性，我们不难相信，在大幅降低价格、低税收、没有国内保护且工资上涨的情形下，十八九世纪的葡萄酒消费量可能会高得多，且更接近于啤酒的总消费量。

A. D. 弗朗西斯（A. D. Francis）讨论了17世纪末禁止法国进口后，克拉雷爱好者所经历的不快，从中他出色地观察到了必需品和可选项之间复杂的互动。理查德·艾姆斯（Richard Ames）写了两本书，《寻找克拉雷》（*In Search of Claret*）和《告别葡萄酒》（*A Farewell to Wine*），书中描述了在酒吧消费的过程，这些酒吧不出售红酒，只出售波特酒。书中提到艾姆斯对服务员说：

住手,你这唠叨的小崽子,别再加了,

随便拿一品脱来

纳瓦拉的(Navarre),加利西亚的(Galicia),或什么别的都行,就是不要波特酒。(Francis, 1972:104)

因此从某种程度上说,如果有现成的克拉雷,艾姆斯不会选择饮用纳瓦拉或加利西亚酒,而法国葡萄酒的匮乏迫使他选择其他产品代替。艾姆斯不接受波特酒作为替代品,这不仅反映了他的喜好,更说明存在其他不那么令人厌恶的替代品。经济学家肯定会说,鉴于酒精饮料与其他类型的酒及其消费品消费相互作用的程度,法国葡萄酒的可得性和价格影响了许多商品的消费。

然而,弗朗西斯和许多其他记录葡萄酒贸易的编年史作者一样,对那些不太明显的替代品缺乏关注,也低估了价格在长期和短期上的重要意义。[1] 人们关注留传下来的文字,很少去探讨饮料消费的经济学。但最核心的问题并非替代品,而是葡萄酒需求本身的价格弹性。传统观点认为,对大多数酒精饮料的需求是无弹性的,但事实证明,实际估算出的葡萄酒的弹性依据不同情形存在很大差异。许多文献中对其弹性做出了各种估算,结果不仅受到价格变化的影响,还受到围绕所有酒精饮料的销售、进口、生产和供应的不同监管制度的影响。虽然总体的酒精饮料需求可能是无弹性的,但对其中一个子集,比如说法国葡萄酒,其需求很可能就有一定的弹性。

在对英国酒类价格历史变化的影响所做的直接考查中,最贴近的是1860年《英法通商条约》签订后,人均葡萄酒消费量出现了大幅增长。英国人均啤酒消费量的连年上升在1860年前后突然出现了停滞,而在随后几年中逐渐恢复(见图5.1)。在1860年《英法通商条约》签订后的十年里,法国葡萄酒的进口总量增长了约600%。当然我们也看到相较于1689年之前更开放的时期,1715年后英国采取禁止性高关税时期中葡萄酒进口量的下降特别显著。

1　经济学家特别关注各种商品的可替代性,以及对任何产品的需求在何种程度上有弹性或无弹性。而更能说明问题的论据是,价格变化如何影响总税收收入。显而易见,当英国烈酒税(更准确地说 消费税)从每加仑11先令8.25便士降低到7先令时,官方统计数据显示消费次数增加了,同时税收收入从19世纪20年代早期不到400万英镑猛增到30年代的500万英镑(Harrison,1971:66)。

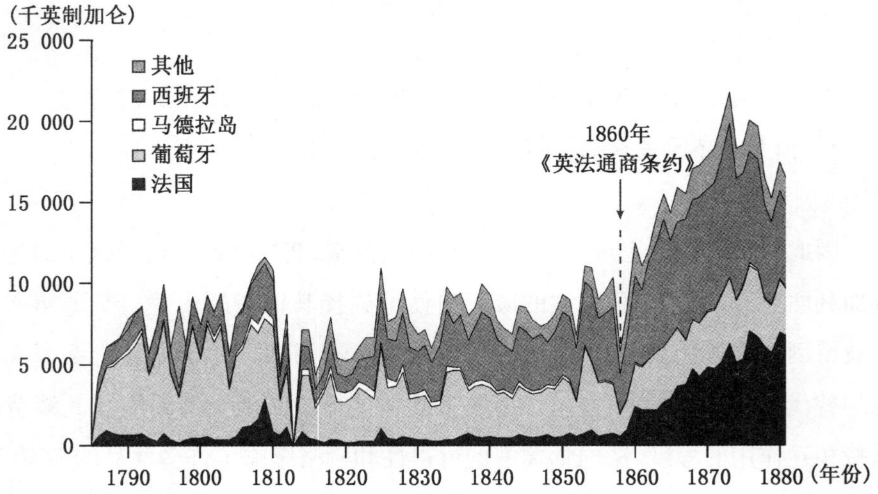

资料来源:英国(1898:155—157)。

图 5.1　1785—1881 年英国的葡萄酒进口量

通过观察英国关税的形式如何影响进口的法国葡萄酒的构成,我们可以评估关税对狭义葡萄酒的不同种类之间消费的影响。有关英国进口的高品质葡萄酒与廉价葡萄酒的数量,我们并没有任何直接的定量证据,而仅有进口的总容量数。但是我们可以通过观察从法国进口的瓶装与桶装葡萄酒的数量,来推断英国进口的葡萄酒的相对质量。

图 5.2 依据进口的葡萄酒中瓶装的总容量相对于桶装总容量的比例,详细展示了法国出口到不同国家的葡萄酒的分布,从中可见高关税国家(如英国和荷兰)与世界其他国家之间的对比十分明显。对于大多数为法国进口产品提供较优惠待遇的国家而言,其所进口的法国葡萄酒更多是以桶装的而非瓶装,桶装酒以 12∶1 或 15∶1 的比例大大超过瓶装,而英国进口的桶装葡萄酒仅为瓶装葡萄酒的 3 倍。由于瓶装葡萄酒往往是高品质且价格昂贵的产品(考虑到瓶装酒的运输难度、破碎的风险以及瓶装的一般成本),这些数据证实了所有观察者们的基本印象,即英国的贸易主要集中在波尔多的高品质产品上,比如克拉雷或者来自勃艮第产的最好的葡萄酒。同时这也与法国葡萄酒生产商提供及创造更高质量的波尔多红葡萄酒的努力相一致,以此既可以迎合英国上流阶层的口味,又避免了英国从量税的影响。葡萄酒越好越贵,其价

格受关税影响的百分比就越小。

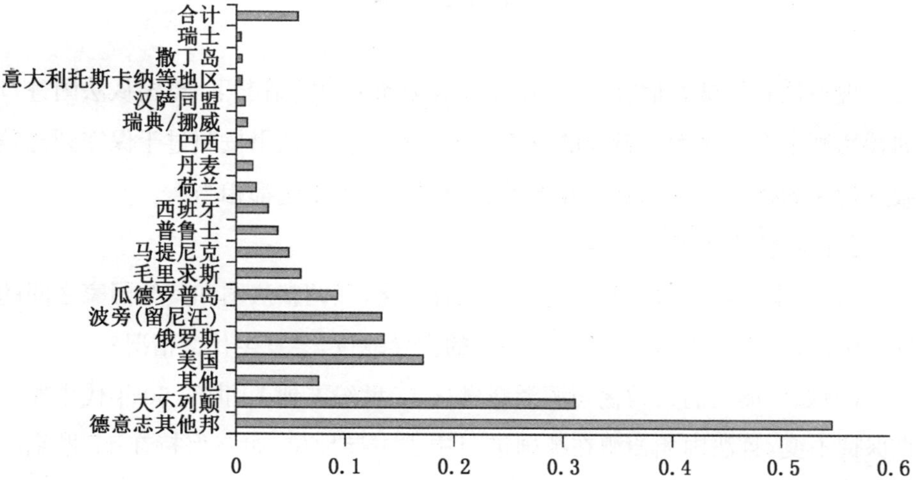

资料来源:法国(Archives Nationale,[1828?])。

图 5.2　1828 年法国的葡萄酒出口,按目的地

替代品的问题也出现在烈酒市场的变化中。国内的烈酒比进口的白兰地更受欢迎。最初啤酒消费税的上升也导致了英国国内从葡萄酒和啤酒转向烈性酒。除关税以外,官方政策还鼓励国内烈酒的消费和生产,以及从友好国家进口来抵制敌对的法国的产品。1690 年议会通过一项法案,允许自由使用玉米蒸馏酿酒,1702 年的另一项法案则鼓励公民食用玉米麦芽,“以更好地阻止法国和外国白兰地的流入”(Monckton,1966:142)。

政府的规劝和保护主义的葡萄酒关税自然产生了一种爱国主义效应,使得金酒的消费在 18 世纪早期不断增长。由于政府对国内生产的保护以及啤酒消费税的提高,烈性酒如金酒等的销量有所增长,1684 年的产量为 52.7 万加仑,1700 年为 200 万加仑,1735 年为 539.4 万加仑,1742 年为 716 万加仑。据估计,在 1742 年的鼎盛时期,烈酒和烈性饮品消费量高达 2 000 万加仑。在这个高峰之后政府对烈性饮品的分销、销售和购买施加了更严格的限制。(Monckton,1966:143)

反向的事实

现在让我们试着估算一下，在没有战争和关税的情况下，英国从法国进口的葡萄酒量会有多大。最好的方法似乎是将计算的结果按照过于保守到比较激进的序列排序。在所有情况下潜在的进口水平变化都相当大。

我们将依次考虑下列事项：

(1)如果英国的葡萄酒总进口量没有变化，只调整法国和其他国家之间的进口份额，以反映法国在 17 世纪后期的主导地位，会发生什么情况？

(2)如果英国的人均葡萄酒消费量从 17 世纪末到 19 世纪 60 年代中期一直保持不变，且法国葡萄酒在英国进口中占主导地位，始终保持在 17 世纪后期所享有的份额，情况会如何？

(3)如果以 17 世纪早期的消费和进口水平作为基准重复上述操作会有怎样的结果？

(4)最后，如果英国葡萄酒进口的分布像 17 世纪早期那样保持不变，但总的葡萄酒进口对 17 世纪早期开始的收入变化有反应，会发生什么？也就是说，如果英国葡萄酒需求的收入弹性至少保持一致，那么法国葡萄酒的进口量会增加多少？

从表 5.1 中可以看出，前两种情况的结果非常相似。图 5.3 清楚地表明即使是保守的估计，在与法国更开放的贸易体制下英国可能进口的葡萄酒数量，轻易就比实际观察到的进口量大一个数量级。假设人均消费不变(即葡萄酒需求的收入弹性为 0)，或进口总量固定但构成变化，两种假设都导致 19 世纪早期到中期，英国进口的法国葡萄酒是实际观察到的 15～20 倍。更合理的假设是，葡萄酒是一种收入弹性接近于 1 的正常商品，而由此得出的结论是进口量约为实际观察值的 35～40 倍。[1] 这一假设的影响如此巨大,以至于单位收入弹性似乎无法解释得通。

表 5.1　　各种情境下计算自法国的进口

	实际(按百分比)单位:千英制加仑	合计单位:千英制加仑	假设进口总量不变以不同的法国进口占比 62%(1675 年)单位:千英制加仑	假设进口总量不变以不同的法国进口占比 72%(1686—1689 年)单位:千英制加仑	(19 世纪 50 年代—60 年代)假设增长 61%,年均 116% 单位:千英制加仑	英国人口单位:千	假设人均消费不变单位:千英制加仑
年份							
1677	2 056	3 392	2 103	2 442	3 931	—	—
1686—1689	2 814	3 961	2 456	2 852	4 592	—	—
1713	516(15.5)	3 340	2 071	2 405	3 872	6 166	2 471
1714	251(6.4)	3 913	2 436	2 817	4 536	6 186	2 904
1715	265(5.8)	4 561	2 828	3 284	5 287	6 190	3 388
1716	329(8.3)	3 949	2 448	2 843	4 578	6 226	2 950
10 年平均							
1717—1726 年	272(5.8)	4 724	2 929	3 401	5 476	6 338	3 593
1727—1736 年	177(3.7)	4 816	2 986	3 467	5 582	6 324	3 655
1737—1746 年	79(2.2)	3 577	2 218	2 575	4 246	6 546	2 810
1747—1756 年	103(3.1)	3 290	2 040	2 369	3 814	6 849	2 704
1757—1766 年	114(3.3)	3 478	2 157	2 504	4 032	7 248	3 025
1767—1776 年	103(2.9)	3 605	2 235	2 595	4 179	7 657	3 312
1777—1786 年	92(2.9)	3 312	1 942	2 255	3 631	8 360	3 142

注:在不同的反设事实假定下英国进口的法国葡萄酒量,使用 3 928/6 000,例:1686—1689/6 000。

资料来源:英国(1898:155—157)。

1　在现代经济体中,很难得到真实的葡萄酒和啤酒收入弹性的精确范围。众所周知,收入弹性往往会随着收入的增加而下降,但估算值对所选择的基础模型非常敏感,而且在所研究的商品被征重税及严格监管的情况下,很难比较估算值。由克莱蒙特和塞尔瓦内森(Clements and Selvanathan,1987:240—241)所做的有关 20 世纪英国、澳大利亚和美国的需求分析显示,收入弹性的范围在 0.5～2.2。葡萄酒的收入弹性最高的是英国,在 1955 年到 1982 年间为 1.7～2.2,而最低的澳大利亚则为 0.48～0.76。

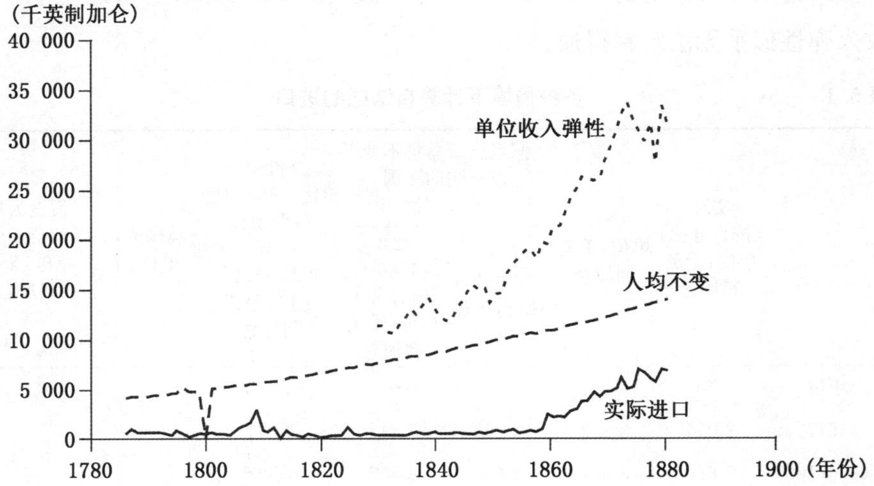

图 5.3 英国的法国葡萄酒进口量的反设事实(以 17 世纪后期为基准)

不过,一些现代估计认为,英国人对葡萄酒需求的收入弹性徘徊在 2 左右,如果这种估算适用于 18 世纪和 19 世纪,则从法国进口葡萄酒数量可能会再次翻倍(Clements and Selvanathan,1987)。考虑到许多关于葡萄酒收入弹性的估算结果都大于 1,将单位弹性作为保守的基准似乎无可非议。更令人震惊的是,在对需求的收入弹性的适度假设下,如果英国不采取任何措施抑制总体酒类消费,尤其是法国葡萄酒和烈酒的消费,那么法国葡萄酒消费可能会增加到 40 倍。

第六章　葡萄酒、啤酒与货币:酿酒业与英国18世纪财政政策的政治经济学

新制度经济学最重要的贡献之一,是能够从政府的经济动机,特别是统治者的财政收入需求出发,重新审视政治的历史。将新兴国家作为收税者或剥削者的逻辑,始于道格拉斯· 诺斯与罗伯特·托马斯(Robert Thomas)1973年的研究,并由玛格丽特·列维(Margaret Levi)、约拉姆·巴赛尔(Yoram Barzel)以及曼瑟·奥尔森(Mancur Olson)进一步发展[1],这种逻辑为我们理解统治者在平衡维护权力的需求和攫取更多收入的欲望时,政府治理及组织形式会在哪些方面发生改变提供了许多新看法。

列维以此作为中心论点来开展政治经济学的历史研究。她关注17世纪和18世纪的法国和英国,将此两者作为最具说服力的案例。一个关键的问题是纳税遵从;"战争和国防是统治者用来证明税收合理性的公共物品"(Levi,1988:96)。英国向议会代议制的转变为准自发的纳税遵从创造了先决条件,而这一因素在欧洲大陆上是缺失的或较薄弱的。英国的制度体系更具有"合法性",并且能在增加财政收入时面临较少的反对意见。

然而,看似如此机敏的观察也存在不足之处,即太过笼统,忽略了1700年后英国税务机构扩张的具体环境。在议会发展壮大之前,精英们支配着财政和商业政策。尽管此后的议会由跨部门的更广泛的社会成员代表组成,但富有的精英们在整个18世纪依旧继续支配着英国的政策。只有理解了英国人

1　请同时参阅奈(1997)对于包含上述许多著作的一般理论所做的综述。

是如何共谋来让精英们答应征税，我们才能明白 17 世纪后期到 18 世纪末的税收收入是如何发生巨大变化的。

诺斯和巴里·温格斯特(1989)以及菲利普·霍夫曼和让·劳伦·罗森塔尔(Philip Hoffman and Jean Laurent Rosenthal，1997)都强调，在光荣革命之前，财政收入的产生取决于国王和议会之间的斗争。议会通过司法途径对税收水平施加限制，以此表达对于国王过度的特权与专制的异议。直到世纪之交变革启动，英国国王和议会才创建了一些机构(如英格兰银行或中央税务局)，来维系大幅提高了的税收水平。

以上都忽略了一点，即便在议会批准的前提下依旧存在执行和征集的问题。英国在 18 世纪将税收收入提高到了惊人的水平，这种提高税收收入的能力与税基的变化密切相关，同时税基的变化反过来又促进了新行政体系的发展。此后政府若想进一步提高土地税显然困难重重，因此转向诸如关税和消费税等间接税就更有意义。

这种说法[例如 Koehn(1994)]并不像听起来那么简单明了。让我们首先考察从 17 世纪的君主复辟时期开始的向消费税的转变，政府似乎顺利推进了这种变革并在 18 世纪取得巨额的税收收入。

理论上尚不明确关税和消费税是否是一种优越的财政收入来源。标准的公共经济学通常表明，就产生税收收入的机制而言，针对财富和收入的直接税比间接税更有效。这是因为直接税不会扭曲生产的商品和服务的相对价格。理论上消费税和关税的危害更大，因为它们会扭曲市场信号而导致资源错配。在税收征集接近完全执行的情况下，相比建立在直接税基础上的制度，间接税所产生的税收收入实际上较少。若要达到执行良好的直接税所能获取的同等水平的税收收入，低效的间接税的机会成本将导致经济不得不承受更重的负担。因此，与那些能够直接对财富及收入征税的国家相比，依赖间接税的国家似乎从一开始就面临难以回避的不利条件。

然而，这一切的前提假设是完美的税收执行，很少或没有交易成本。支持间接税的理由是，关税和消费税比直接的所得税更容易征收和管理。除了少数富裕家庭之外，向大多数英国家庭计算并征收所得税是做不到的，或者至少是代价高昂的。而对被广泛使用的商品(如盐或啤酒)所征收的间接税则可在生产时课征，就关税而言，很容易在英国入境港口对进口商品征收。因此从执行成本的角度看，消费税和其他间接税具有征税便利性的优势。

如此简单的论断却遇到了一个困难：包括英国在内的所有国家都或多或少采用直接税和间接税相结合的方式，而且人们往往发现要把税收负担转移到消费税上并非易事。英国对土地课征的直接税一直到18世纪都依旧是最大的单一税收来源。消费税并没有像声称的那样因易于征收而习以为常，时常也无法产生其支持者所预期的高收入。

对英国财政的一种更微观，或许更愤世嫉俗的分析观点指出，1700年之后，税收收入的增长并不平均。与17世纪相比，消费税和关税在预算中所占的比例增加了很多。尽管土地税和其他针对收入和财富的直接税也在增加，但它们在预算中的份额却在稳步下降。土地贵族和其他拥有土地的精英的直接负担相对下降，而对具有递减效应的日常消费项目的税收却快速增长。

这里也有新的问题。虽然大部分新税的经济负担无疑落在普通百姓身上，但它的法律责任却落在许多商业机构身上，无论商户是大是小。啤酒酿造商和蒸馏酿酒商等团体在17世纪成功地抵制或规避了逐步提高的税收，而在18世纪他们是如何被轻易说服，来为政府提供大幅增加的税收收入的呢？这恰巧发生在酿酒商在议会的影响力空前高涨的时期，因而尤其令人费解。另外，并非所有消费税的扩张都同样被人们所接受。17世纪30年代初，政府尝试通过设立统一的通用消费税体系同时处理消费税和关税，进而理顺间接税体系，却导致了著名的消费税危机。研究这一时期英国历史的史学专家直到今天都一直为此事件感到困扰。

当人们更仔细地考察葡萄酒和白兰地的斗争，及其对啤酒和金酒等国内替代品的影响时，所有上述问题就都会从一个不同视角浮现出来。我们只有考虑了饮料利益群体的角色，及其与政府对战争资金日益增长的需求之间的互动，才能全面理解英国财政政策的动态变化。

17世纪时，英国通过废除农业税、授权垄断、修订土地税和增加消费税，完成了从直接税到间接税的转变。然而从1643年开始对商品课征消费税的早期尝试（包括对肉、黄油、啤酒、肥皂、盐、皮革和布料）引发了大量抗议，甚至在17世纪40年代和50年代引发了零星的暴力行为。

人们有时认为,18 世纪西班牙王位继承战后对法国葡萄酒征收的关税,主要是为了从进口关税中获取收入而设计的,但关税明显太高以至于无法实现收入最大化。任何以收入最大化为目标设定的关税都不会将绝大多数较便宜的葡萄酒排除在外。标准概念上的最优税收不会采用过高的税率,因其会严重抑制(在某些情况下实际上是禁止)应税商品的进口,进而实质上降低税收总额。

关税的作用是通过确保受其保护的产业与政府合作,协助政府征收本不恰当的国内消费税。虽然英国的葡萄酒关税没有直接使税收收入最大化,但确实推动了有效的财政制度的发展,从而通过酒精饮料的消费提取税收。凭借对国内啤酒和烈性酒生产商的保护,以及对进口葡萄酒和白兰地所课征的关税,政府就可以对本地饮料生产征收高额关税,同时最大限度地减少对高额税收的抵制。

18 世纪税收政策取得了两个方面的巨大成功:首先,承担主要税负的商品范围缩小到了酒精饮料上;其次,使得国内饮料生产商严重依赖贸易保护措施,从而迫使他们加强(与政府的)合作,或者说削弱了他们对提高消费税的抵制。

在 17 世纪后期,关税和消费税被联合加征于进口葡萄酒和国产啤酒。在这个时候,高关税还不是很有歧视性;从消费税和关税这两种来源中征得的税收实际上非常接近。从 1643 年 5 月开始,价格在每桶 6 先令以上的啤酒按每桶 2 先令征税,低于每桶 6 先令的啤酒按每桶 6 便士征税。一旦开始施行这种课税规则,啤酒就不仅要面对葡萄酒等替代品的竞争,还要面对尚未被禁止的进口啤酒的竞争。政府最终对进口啤酒实行了差别关税,乃至后来完全禁止进口。但在此之前这些贸易保护措施已经产生了代价。

啤酒行业形成了一种信念,即克伦威尔执政的结束将意味着啤酒关税的取消。不幸的是,对于英国的酿酒商来说,情况并非如此。1660 年的皇家公告进一步扩大了消费税(Monckton,1966:118)。人们逐渐接受这种啤酒税,导致政府用它来资助各种冒险行为,尤其是与法国的战争。随着国内对啤酒征税的正规化,也一并产生了逃税的问题,以及国内生产商抵制所有商品进口的骚动。仅仅通过提高消费税税率增加收入的初步尝试并没有产生预期的结果。最初的税率是烈性啤酒每桶2先令6便士，较淡的啤酒每桶6便士，而1689年和1690年英国实际上已将啤酒税提高到最初的两倍。这导致大众酿酒厂数量减少，税收收入水平在经历最初的增长后便停滞不前。最终，税收收入开始下降。要使税收可行，则保护该行业免受外国竞争将是必不可少的。政府利用该行业的兼并来鼓励寡头垄断，使得伦敦的酿酒行业被12家左右的公司主导。

到18世纪中期，针对法国葡萄酒的新关税抑制了法国与英国的大部分贸易，从而使得间接税构成的改变成为可能，大部分收入来自消费税而非关税。如果考虑到对葡萄牙产葡萄酒征收的关税部分是由英国商人、运输商和其他部门所承担，且旨在有利于他们的产品而非法国的产品，这种税收收入就可以被视为另一种“国内”税收，或者至少是“殖民地”税收。

人们普遍认为18世纪是英国崛起为世界强国的时期。这是通过政府权力的扩张实现的，同时伴随着中央政府征税能力的前所未有的提升。税收收入的增加仅仅是英国人民收入随着GNP增长而提高的结果吗？不。彼得·马赛厄斯和帕特里克·奥布莱恩(Peter Mathias and Patrick O'Brien，1976a，1976b)已经证明，英国国民收入和人口增长时，不仅总税收收入增速超过GNP，甚至人均税收水平也从1700年的约16%升至1800年的24%，然后在1803—1812年的战争期间达到惊人的36%。与此同时征税形式也发生了转变，在很大程度上取消了原来作为主要收入来源的直接税，取而代之的是由有效的、运作良好的专业行政机构征收的间接消费税(Brewer，1988)。

这些间接税的来源并不统一，简单审视一下英国预算就会看到，绝大部分消费税是对酒精饮料课征的。表6.1转载自奥布莱恩(1988)关于18世纪英国税收来源的著作。该表列出了18世纪后期英国财政收入的主要来源，大概覆盖了中央政府预算的90%。来自葡萄酒和烈酒的关税收入，加上国内啤酒、烈性酒以及饮料生产中中间产品的消费税总计占比近40%。请注意，这个数字不包括广泛用于生产酒精饮料的糖的关税及消费税所带来的大笔收入；如果把这些收入包括在内，那么结果将接近政府总收入的一半。

表 6.1　　1788—1792 年英国主要税种

	年均征收 1788—1792 年（千英镑）	税收类别	税收占比分布	
			单项	总和
1. 直接税				
土地、窗户等	3 388	直接税		21.2%
2. 食品				
茶	583	关税	3.6%	
盐	999	关税	6.3%	
糖	425	消费税	2.7%	
				12.6%
3. 供暖、照明、燃料关税和消费税	969	关税和消费税		6.1%
4. 建筑材料关税和消费税	648	关税和消费税		4.1%
5. 服装、鞋关税和消费税	1 010	关税和消费税		6.3%
6. 肥皂和浆粉消费税	501	消费税		3.1%
7. 酒和烟草				
啤酒	1 968	消费税	12.3%	
麦芽	1 838	消费税	11.5%	
啤酒花	121	消费税	0.8%	
葡萄酒	739	关税	4.6%	
外国产烈酒	990	关税	6.2%	
国产烈酒	654	消费税	4.1%	
烟草	607	关税	3.8%	
				43.3%
8. 商业服务				
新闻报纸等	533	印花税		3.3%
总计	15 973			100.0%

资料来源：奥布莱恩(1988:11)。

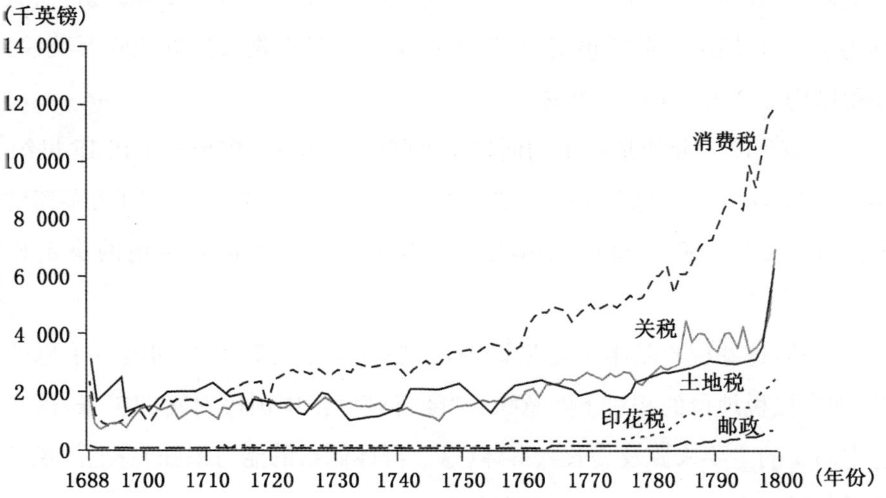

资料来源：奥布莱恩和亨特(O'Brien and Hunt，1993)。

图 6.1　1688—1799 年英国财政净收入

18 世纪英国税收的增长本质上反映了消费税的增长。在 18 世纪的前十年里，土地税、关税和消费税约为各 100 万英镑(从 50 万英镑到 150 万英镑不等)。到 18 世纪 80 年代，土地税最多能带来 200 万～300 万英镑的收入，而关税大约 300 万英镑，与此同时消费税则高达 700 万～800 万英镑。鉴于大约 500 万英镑来自啤酒、麦芽和国产烈酒，另外 200 万英镑的关税收入来自葡萄酒、烈酒和用来酿酒的糖，我们可以有把握地说，英国 18 世纪税收的成功主要是对酒精饮料征税的功劳。

如果考察英国中央政府收入中关税收入和消费税收入的相对增长，这两者之间的差异就尤为引人注目。从 1689 年到 18 世纪初，关税和消费税的净收入大致相当。17 世纪 90 年代关税通常在八九十万英镑，到了 1700 年则为 150 万英镑。同一时期的消费税收入也大致相当。自 1703 年起的大多数年份和所有 5 年期间，关税收入落后于消费税收入的差距都在扩大。直到 1711 年或 1712 年，这两类税收的数字仍大致保持一致，但到战争结束时，消费税收入通常比进口税收入高出 50%～60%。到 18 世纪 30 年代，也就是沃波尔(Walpole)第一次考虑用消费税全面取代关税的时候，消费税带来的收入是关税的两倍，在整个18世纪30年代，消费税的收入平均为290万英镑，而关税则为150万英镑。到18世纪80年代每年的消费税收入接近800万英镑，而关税则为350万～400万英镑。

1700—1740年土地税平均而言是下降的。唯一的增长发生在18世纪40年代和50年代，但直到1781年前都没有超越1696年创下的250万英镑的峰值。这一模式与政府将税收负担从土地税转移到各种间接税的决定相吻合。[1]

当然，这些税收基本上是累退的，它们证实了马赛厄斯和奥布莱恩的观点，即直接税地位的相对下降意味着“随着该世纪中国民财富的扩张，落在经济中储蓄的主要来源及高收入群体（这一群体储蓄的能力最强）身上的税负下降了”（Mathias and O'Brien，1976b：615）。

有人可能会说，对酒精饮料征税是管理和征收消费税的自然结果。这种观点忽视了一个事实：一个对所有酒类产品公平的消费税，在设计中是不会对生产和消费模式产生扭曲的，而英国的这种设计对国内同类商品的支持如此强烈，以致有效禁止了最廉价类型的法国产葡萄酒的进口，且在较小程度上也影响了西班牙产葡萄酒的进口。尽管包括法国在内的大多数国家也都借助于对酒精饮料的课税，但几乎没有哪个国家的政府像英国应用得那样广泛。

对比盐税在英国和法国所扮演的角色，我们就能看出英国的税收模式有多么不同。盐的消费税只占英国政府收入的4％或5％。与此同时，18世纪中期盐务税占法国政府总收入的25％～30％（O'Brien，1988：617）。

观察税收的法定归宿是一回事，而如何论证该税的实际经济归宿却是另一回事。由于无法详细了解不同部门对各种消费税和关税的反应，我们完全无法确定均衡中的税款是由哪些群体实际支付的。尽管如此，消费税最有可能是被转移到了大部分英国消费者身上。

通过对比啤酒商和英国消费者的游说能力，我们可以解释税收是如何被

1　目前尚不清楚的是，土地税之所以没有增加，仅仅是因为消费税提供了税收的可能，还是由于政府从土地和财产中攫取的收入已经接近最大化。值得重申的是17世纪后期，在政治环境带来新的税收增长可能之前，酒精饮料的税收似乎也已接近最高水平。如果没有推行消费税，财政压力就将依旧集中在地主阶级身上，但我们无法确切知道哪种政治格局会占上风。

转移到消费者身上的。当时的英国消费者没有任何能力成功反抗施加在他们身上的税收。大多数消费税存在的问题是，生产者比消费者更容易成功抵制课税的施行，17世纪的英国啤酒消费税就是有力的证据。通常而言，只有生产者这个群体才有规避税收的组织能力和政治影响力。

很难想象17世纪英国小规模的、通常是家庭酿造的啤酒，是如何提供18世纪那样的易于征收且高水平的财政收入的。在战时限制下诞生的英国对法贸易体制，其优势在于能够轻易地征收啤酒税，因为其课税的对象群体需要高度依赖与政府的合作及贸易政策事务的协同才能保持盈利。此外，生产技术上的变化使得效率最高的啤酒厂规模急剧扩大。从政府的角度看，酿酒行业组织上的变化，特别是1700年前后开始的生产集中度的提高以及生产规模的扩大，使得其更容易被监管并施加税收。

如果没有这种奇怪的政治经济学，税收很可能会更均匀地分配在盐、食品、纺织品等方面。如此划分虽然能减少对进口产品的歧视，但政府将不得不更多依赖直接税，甚至比18世纪后期的程度更严重。例如，在讨论英国财政体制的崛起时，布鲁尔指出1714年牛津伯爵引入了对多种产品征收的关税，包括“咖啡、茶、书、扑克牌、白棉布、蜡烛、煤炭、乘用马车、亚麻、皮革、纸张、羊皮纸、肥皂、丝绸和爱尔兰盐”，他也提到一旦人们对此习以为常，这些关税和进口很有可能就会被保留下来（Brewer，1988：119）。然而除了茶和咖啡（通常被当作葡萄酒和啤酒的潜在替代品）的关税，政府并未让其他任一关税增长到在预算中占据显著比重的地步。假使英国与法国没有发生冲突，政府无疑将有更大的意愿向葡萄酒和烈酒以外的项目征税，也无疑将比美国独立战争时期更依赖于提高对土地及财富的税收。

在威廉和玛丽统治时期直接税占据了主导地位，而值得注意的是西班牙王位继承战争后，英国从直接税转到了间接税。似乎无法想象在长期中英国政府能依靠土地和财富的直接税成功扩张，但我们也观察到转向消费税需要改变进口商品的政治待遇，并建立大规模的、中央控制的税收行政机构，这个机构雇佣着成千上万的工人，而他们的职责就是评估和管理1714年后新涌现的消费税（Brewer，1988）。到了19世纪，随着关税收入在预算中开始占据更大比例，这种转变又发生了逆转。最终，所有的间接税都输给了19世纪后期新开征的针对收入及财产的直接税。

从监管和直接控制，到放松管制和多种消费税集中化征收，在这种大转变的视角下，我们得以重新审视英法比较历史中的另一个重要问题。通过对比政府对经济控制的性质和程度讲述这两个国家的故事，一直都是经济史的重要组成部分。经济史学家特别强调 18 世纪中后期英国从管制转变为比法国更自由的国家。这个议题出现在诺斯和托马斯（North and Thomas，1973），诺斯和温格斯特（1989），玛格丽特·列维（Margaret Levi，1988）以及罗伯特·埃克伦德和罗伯特·托利森（Robert Ekelund and Robert Tollison，1981）的研究中。

埃克伦德和托利森（1981）着重从寻租的角度阐释了英国为何放松监管。国王和议会之间的角力带来了一项改革议程，该议程降低了政府对经济的控制程度，且总体上减少了对市场运作的干预。这种解释虽然在方法论上契合其英法两国政府同样被财政问题所推动的观点，但似乎与帕特里克·奥布莱恩（1988）、理查德·鲍邦（1995）和布鲁尔（1988）的著作中呈现的英国政府规模的增长并不完全吻合。在被削弱的王权与议会的斗争中产生一个更加自由的经济，这一叙事与征税和支出职能的扩张并不完全一致。

埃克伦德和托利森以及诺斯和列维都从政府的理性行动者模型出发做出了分析修正，他们得出如下结论：17 世纪末的英国和法国被相似的困扰所驱动。两国政府都试图扩大自己的影响力和权力，都形成了促进政府利益同时攫取收入的制度。英国与法国的不同之处在于王权和议会之间的角力以及外生因素，如英国较少的人口、土地面积和良好的地理位置（一个难以被轻易征服的岛屿），这些特点使得英国政府能够一边改变干预经济的形式一边扩张。

有关英国政府管制，笔者的修正观点是政府之所以愿意并且能够解除对经济的管制，正是因为它成功地将创造收入的能力转向征收间接税。英国的政府规模并不一定比法国小（要接受这个比较结果，需要依据现有信息进行更复杂的计算）。相反，英国政府从对整体经济而言高成本的干预措施（皇家垄断、价格和质量监管、行业协会限制、区域通行费），成功地转向较直接监管而言更有效率、且对投资和企业的破坏性较小的干预（尽管在经济意义上并非最优的）。

由于重商主义的势力始终以利益集团请愿的形式存在，最终形成的税收体系远没有达到它本可以达到的效率水平。而它本身对英国经济也造成了一系列的成本和扭曲。例如，通过对法国产品征收复杂的关税支持各种制造和生产部门，这种做法就给英国经济带来了成本，且这种成本将一直持续到19世纪。

从这一角度说，英国对酒类行业的管制修正了埃克伦德和托利森对英国和法国的比较研究。在描述法国的商业制度时，他们聚焦于法国皇室对垄断行业的促进，并将其作为限制产量的手段，提供一种便于对受皇室垄断的制造业产品征税的机制。埃克隆和托利森坚持认为，路易十三和路易十四是"创建和执行卡特尔的大师"(1981：152)，而与法国的情况相比，英国没有类似的垄断。即便英国的啤酒产业不存在官方认可的皇家垄断，但其准许啤酒行业形成寡头的机制、英国政府对啤酒生产和分配的垄断趋势所做的推动，以及对外国葡萄酒竞争采取的限制，最终为英国建立起了一个巨大的财政收入提取机制，足以藐视任何法国在19世纪前所设法实现的。

酿酒业的特殊地位

布鲁尔(1988)认为税收管理的专业化解释了英国税收收入的增长，但如果我们将几乎所有注意力集中于酒精饮料，则会得到相反的结论。伦敦作为城市工人阶级的新中心，其发展与人口增长令家庭更少有机会酿制啤酒，这两点似乎是消费税成功的重要因素。技术发展导致啤酒更容易大规模量产(主要是波特啤酒)，酿酒业因此也日益集中化。巧合的1689—1713年的战争，伦敦的崛起、酿酒业的集中化，与法国贸易的中断，几乎由英国主导的葡萄牙饮料贸易的兴起，在如此情景之下，英国政府面对讨价还价的对手就十分有限了。

要分辨谁从各种政策中获益，以及谁将承担消费税支出并非难事。[1] 酿酒业者遵守纳税规定以获得关税保护。通过鼓励集中化以及在批发和零售层面继续实行市场准入限制，从而促进啤酒生产的寡头垄断，这样做符合政府和

1　这无非是个法律问题。正如我们所知，大部分税收最终很可能都转嫁给了消费者，而他们在整个过程中只是一个被动的参与者。

主要啤酒酿造商的利益。政府规定了价格,并定期对这些大酒厂进行生产检查。

征收的便捷性似乎是理解消费税成功的关键。生产来源越分散,征收消费税就越麻烦。正如土地税负担最重的是最大的土地主,因为政府能用更少的努力获得更多的收入,而从许多小生产商处征收消费税,会很快遇到收益递减的瓶颈,从众多源头征收来的微薄收入难以抵消向多个生产商征税所产生的高昂成本。走私、欺诈和其他形式的逃税行为将给政府带来沉重的负担,使其难以正确评估并征集税收。

认为酒精饮料是一种"自然"税源的说法,与 17 世纪末和 18 世纪初的事实背道而驰,当时英国提高消费税的尝试仅获得了有限的成功。查尔斯·达文南特(Charles Davenant)等人认为,消费税正变得不利生产,因为它们似乎正在将需求降低到充其量只能获得少量利益的程度。这确实是 17 世纪君主所面临的情形,而当时通过提高税率增加税收的尝试只能止步于此。

按照 17 世纪的标准,17 世纪后期的英国在提高税收和政府收入方面是比较成功的。然而,这些都比不上光荣革命之后收入的惊人增长,且这种增长最初发生时,税收种类和税率只是略有增加。因此,需要解释的重点在于税收征集,而不是税收本身。谈到税收征集,实际上就是在说纳税人的纳税意愿,而如果没有纳税意愿,那么政府的下场就好比无中生有。

这里所呈现的故事让我们对 18 世纪酿酒业的发展有了新的认识,特别是当与彼得·马赛厄斯(1959)的叙述结合在一起时。在其关于伦敦啤酒工业兴起的伟大著作中,他提出了与我们的讨论相关的三个重要观点。

第一,啤酒产业,尤其是波特酒酿造厂,见证了 18 世纪早期到中期酿酒业的"工业革命",提高了最小有效经营规模。技术和组织的变化使得酿酒业高度集中化,到 18 世纪末时只有十几家甚至更少的公司统治着市场。批发层面的集中化在于零售市场中直销专卖店的兴起,最终导致政府加强了对整个行业的监管,同时啤酒酿造商也加强了彼此间的合作。本书会对这些变化做更细致的研究,而酿酒业的组织形式将解释国内行业层面的制度发展是如何延长了葡萄酒进口限制政策。

酿酒业的革命主要发生在波特啤酒而非麦芽啤酒(Ale,又称麦酒)的生产上。波特啤酒“似乎是第一个技术上适合在当代控制标准下大规模生产的啤酒,不像麦芽啤酒‘需要恒温发酵’来保持大规模酿造的稳定性”(Mathias,1959:13)。波特啤酒之所以被酿酒商选择,是因为这种酒在将原料大批量粉碎后还能经受住加工操作,而加工过程中单宁的释放会导致凝固,使得酒浆无法用于制作优质麦酒。没有任何一种谷物能像波特酒一样,经受住当时工业强度的酿造所需的多次粉碎,这使它成为一个成长中产业的自然选择。如果当时伦敦的人口没有如此集中以至于促进了需求和供给,波特酒兴许不会取代麦酒。大规模生产得以兴盛起来,不仅如此,家庭酿造也比在农村更困难且更不经济。此外,城市中更多的就业和娱乐机会,无疑增加了不采用市场化产品的机会成本,当然,与法国的战争也摧毁了可能对如日方升的中产阶级的饮酒习惯产生实质影响的葡萄酒。

1660年后监管和税收的变化“一直在使这个行业向更少且更大的工厂集中,尤其是大众啤酒(Common Brewers)享有优厚的消费税补贴”(Mathias,1959:21)。波特啤酒由效率最高的公司生产,是一种相对无差异的产品,因而也较易营销和销售。城市化的推进、伦敦的中心地位,以及采用波特啤酒为基础进行大规模批量生产的成功,这些因素结合在一起促使大量英国人放弃家庭酿造,转而消费市场提供的产品。

第二,生产及伴随而来的分销问题显然有巨大的规模经济效应,足以建立一个由若干强大的酿造商主导的密集型产业(“第一代的企业家们大多充分利用了该产品商业上的成功,他们安排了专门的营业场所大规模生产和销售新产品”)(Mathias,1959:63)。17世纪末到19世纪初,酿酒厂的数量稳步下降,在1684年到1708年间徘徊在160～190,直到1830年以前一直都低于100(Mathias,1959:22)。正如马赛厄斯所指出的,“(酿酒商)绝对数下降的同时(产量)绝对数并未大幅上升……正是伴随生产总量适度扩张的这种重要的相对变化,使得酿酒业的工业化变革区别于其他行业,如棉花或铁,而后两者是英国工业革命的代表”(Mathias,1959:22)。

第三点非常重要,因为它强调了财政和关税政策在多大程度上确实抑制了所有酒精饮料需求的增长。对葡萄酒和啤酒这一类商品的需求通常具有较强的收入弹性。尽管英国工业革命带来了收入的增长,但由于国内税和关税太高，直到19世纪中期以前这两种产品总需求的增长都很小。

如果该行业的需求和产出没有任何实质性的增长，那支持限制该行业增长的政策理由何在？问题的答案在于区分整个行业的收益与某一具有垄断性的特定产业的收益。[1] 简言之，控制和监管使得啤酒行业的寡头垄断成为可能，寡头们从啤酒行业的集中化中获取了可观的垄断利润。这些利润很容易被政府课税，且维持这种利润有赖于政府对葡萄酒和烈酒的国际贸易政策。管制和价格控制虽然在竞争性行业中不受欢迎，却有利于维持啤酒业的卡特尔，因而受到了占主导地位的酿酒商的欢迎。

18世纪伦敦的啤酒业在结构和组织上都变得更大、更集中。随着时间的推移，最大的几家酿酒商的价值也反映了集中在他们手中的权力。例如，铁锚啤酒厂(Anchor Brewery)在1729年以3万英镑的价格被收购。1749年它的价值为78 800英镑。随后到1780年，其价值上升到149 200英镑，但当时它被以135 000英镑折价售出。本杰明·杜鲁门(Benjamin Truman)公司的估值也出现了类似的增长，从1741年的23 340英镑上升至1790年的225 090英镑(Mathias，1959:24)。用马赛厄斯的话说，“在18世纪中期之前，大型波特啤酒厂与客栈酿酒屋的区别，就好比后来的棉纺厂与大型乡村作坊。随着这一过程继续发展，生产的金字塔的坡度变得越来越陡峭”(Mathias，1959:24)。

表6.2显示了从18世纪中期到19世纪早期的啤酒产量，从中可以看出酿酒业中控制权的增强。

表6.2　　1750—1830年伦敦的烈性啤酒产量　　单位：千桶

年份	总产量	前12家厂商	总体占比(%)
1748	915.5	383.0	41.9
1750	979.5	437.0	43.6
1760	1 114.5	525.5	47.1
1776	1 289.0	707.0	54.8

1　马赛厄斯指出：“成功需要渊博的知识、事业心和技巧，无论是在实际酿造还是在管理中。拥有如此资质以及充足资本的人……能够获得相应的丰厚的‘利润’。”(Mathias，1959:24)

续表

年份	总产量	前12家厂商	总体占比(%)
1780	1 319.5	680.0	52.8
1787	1 251.0	965.0	77.1
1795		978.2	
1800		994.5	
1810		1 320.5	
1815	1 768.5	1 401.4	77.7
1817	1 532.5	1 226.5	80.0
1830	1 441.5	1 200.0	85.0

注：原数据取自可得的消费税申报表。前12家啤酒厂的数据引自酿酒商的手稿及列印的名单。

资料来源：马赛厄斯(1959)。

请注意，尽管伦敦的收入和人口都有所增长，但1830年酿造的啤酒总量最多只比1748年高出50%。与此同时，排名前12位的厂家在总产出中所占的比例从42%上升到85%左右。

政府对零售管制的态度转变，特别是对酒类直销专卖店这一概念的支持，进一步证明对中央政府而言，为主要啤酒商提供保护与便捷地征收消费税之间存在特殊的关联。17世纪后期的政府认为无限发放许可证是创造收入的最佳途径。然而到了18世纪，政府和主要的酿酒商都转而支持限制向新酒吧和啤酒屋发放许可的规定。此前的政策旨在以不受限制的零售贸易增加政府收入，现在转而重视审慎管制及保护公众健康。1689年贝德福德郡(Bedfordshire)有16个许可证被吊销，当时政府内部怨声四起，认为“对麦酒馆的压制将会增加财政收入损失”，在此之前财政部也被敦促发放许可证，理由是“麦酒馆越多对消费税越有利”(Mathias，1959：125—126)。[1]

相比之下，这个主题在18世纪根本没有被提及，且那些啤酒销售的获利者几乎未对企图施加控制的人提出抗议。越来越多的人开始争论是否有需要

1　值得注意的是，1797年的财政委员会认为负责消费税的部门是个“好孩子”，赞扬其“税收收入进入国库的速度，而挪用或丢失的金额微不足道”。(Binney，1958：40—41)

出于维护公众健康，或者保护公众免受欺诈而限制发放许可。尽管先前政府的态度显然是“多多益善”，但到了18世纪却采取了严格措施限制已失控的零售场所的蔓延。18世纪30年代开始，“过剩的”酒馆受到常规限制。绝大多数零售场所透过品牌专卖，以及大型生产商所持有的特许经销权与主要啤酒商联系在一起，啤酒行业极其渴望财政部或其他政府部门能限制所有酒精饮料的销售竞争。事实上政府也的确采取了行动限制零售市场的准入。

政府对垄断行为的支持，以及伦敦大型啤酒商盈利能力的显著提高，实际上恰好与19世纪初的禁酒和自由贸易运动相契合。在19世纪最初的几十年里，禁酒运动实际上是与自由贸易者结盟的。例如科布登认为，啤酒的垄断厂商及其专卖店，以及葡萄酒贸易中经济效率低下的限制措施，导致工人阶级饮用烈性酒。禁酒运动者不赞成扩大烈酒的消费，但他们也确实认为，扩大葡萄酒和清淡饮料的消费可以更有效地替代朗姆酒和威士忌(代表波尔多酒商的说客们也提出了同样观点)。

布莱恩·哈里森(Brian Harrison)在描述将禁酒运动与自由贸易者相联系的逻辑时写道：

> 关于开放许可的争论大致如是：政府管制饮料贸易的企图催生了四种与之相关的罪恶：高价、掺假、走私和酗酒。高税收和垄断使饮料制造商得以赚取巨额利润，并以损害穷人的利益为代价在产品中掺假。低效和腐败的政府巡视员对提高质量及遏制走私也无能为力。因此，要废除中世纪的禁奢令和垄断，降低税收，建立自由竞争！这将降低价格，消除掺假和走私，遏制酗酒现象(这只在政府对饮酒人为附加吸引力时才会涌现)。如果酒能像面包和奶酪那样容易买到，同时像葡萄酒在法国那样便宜，那么酗酒理所当然就会降至法国的同等水平，供给也会稳定至满足需求的水平。(Harrison，1971：64—65)

到1860年英法签订条约的时候，一大批禁酒积极分子开始把禁酒视为解决酗酒和卖淫问题的唯一途径，即使他们与自由贸易者和其他自由论者来自同一个社会圈层。这些人意识到这对他们的同事来说是一个棘手的提议，因为禁酒主义者联盟的英国总部就设于曼彻斯特，那里同时也是倡导自由贸易的自由主义者的精神和政治中心。

消费税的另一个重要特性也值得一提。虽然对进口葡萄酒的关税是明确具体的，但啤酒和麦酒的各种关税在浓啤酒和淡啤酒之间各不相同，区别来自商品零售价格的差异，在效果上近似从价税（Binney，1958：35）。虽然啤酒消费税是明确的，但按照酒精浓度区分一定程度上允许了差异化对待不同类型的啤酒，而在对清淡的法国葡萄酒的关税上却没有这种区别；由于比西班牙和葡萄牙产的竞品更便宜，法国葡萄酒被施加了双倍的惩罚性关税，此后又被歧视性关税阻挠在外。正如本书有关19世纪的章节中所展现的，按酒精浓度区分是葡萄酒关税改革的重要组成部分，这在1860年的通商条约中尤为如是。

沃波尔与1733年失败的消费税改革

关于贸易与财政政策之间的特殊互动，最好的线索莫过于18世纪初失败的消费税改革这一独特案例。长期以来，历史学家一直对沃波尔政府未能凭借1733年的《消费税议案》（Excise Bill）推动税制改革而感到困惑。若对其举措进行总结，沃波尔政府试图减轻财产税，通过保税仓库征收的消费税取代所有酒和烟草的关税，以此延续他们在建立高效且有力的税收行政机构上取得的成功。

原则上讲这一想法是合理的，完全符合现今新古典主义关于最优国内税收的观点。事实上这些经济学者，如道格拉斯·欧文（Douglass Irwin，1993）将19世纪英国对法国葡萄酒所征关税视作国内啤酒消费税的对应部分，他们也认同按照公共财政理论的标准，消费税最有效的形式是对所有商品一视同仁地征收同等的税，而不考虑类型、质量或原产国。现实世界的税收从未能达到理论中的理想状态，但（欧文在1993年特别提到）若要对家庭消费的饮料课征一系列非歧视性的税收，则必须平衡本地消费税和进口关税。如果这是对法国葡萄酒征收关税的主要目的，就应该无人反对将葡萄酒视为国内消费品课征统一的消费税，以取代复杂的、高度歧视性的、烦琐的进口关税制度。

沃波尔政府主要关心的并非公共财政理论的细节，而是要维持现行进口关税体系所要面临的实际困难，因为当时这一体系充斥着欺诈行为。少报进口数、复杂的报税流程、艰难的监管以及腐败的官员，都使得这些重要关税的改革势在必行。正如这一时期的史学家所指出并感到困惑的，葡萄酒及烟草贸易的改革并没有遇到严重的障碍。反对现行制度似乎是合理合法的，而在18世纪20年代，政府非常成功地将消费税扩展到茶、巧克力和咖啡等项目上。1732年盐税的重新开征（在法国以臭名昭著的盐务税为形式）在英国引发的反对很微弱，这也昭示了将消费税同时扩展到奢侈品和更普遍的必需品上，对公众来说并非天然的不可接受，且在现有的社会制度下具备政治上的可行性。然而1733年烟酒税改革的尝试却以彻底失败告终，这一谜题并没有被当时最著名的历史学家彻底解开（Langford，1989）。保罗·兰福德（Paul Langford）写道："我们必须看到消费税的起源正是在这样的背景之下。它是沃波尔已经采用并证实有效的体系的逻辑延伸，而且最重要的是，它提供了一个明确的途径摆脱沃波尔自身所面临的财政困境。"（Langford，1987：34—35）

虽然消费税与关税被一同采用，但沃波尔政府早期的所有举措都表明，消费税可以轻易地取代任何关税。沃波尔试图尽可能减少甚至取消土地税，并用一个建立在消费税基础上的高效的税收行政体系取代几乎所有的财产税。在这方面，盐税是第一个真正的大胆尝试，但并没有带来他所期望的大量收入。由于酒类在英国的预算中显得愈发重要，沃波尔意识到处理酒类饮料问题的必要性。

1733年《消费税议案》出人意料地失败了，而由此引发的商人和普通民众的敌意，导致许多国会议员在下一次的大选中落败。依据我们手头的证据，就较容易理解为何沃波尔完美的理论正确的体系会如此难以实施。作为国内啤酒及其他酒精饮料消费税的对应物，对葡萄酒征收的关税是低效和累赘的，但却恰是国内消费税有效维持的真正原因。

17世纪英国在征收标准的啤酒消费税方面收效甚微，基于这种经验，有必要对从法国进口的产品征收关税以保护当地酿酒业的利益，同时将足以威胁他们的把柄握在手中。然而不幸的是，对所有消费项目统一实行消费税，向这种理论上有效的体系转变的同时也存在一个缺陷，即很容易从一种有利于特定产品的体系转变为对国内生产缺乏内在保护的统一体系。这种尝试的透明度越高，越有可能会使统一的消费税不可避免。相比之下，进口关税可以与国内商品消费税分开单独谈判和观察。

沃波尔对该新体系的期望能为我们提供更深入的见解。他最终的意图是让贸易自由化成为其改革的终点。沃波尔想以国内消费税取代所有关税，从而让英格兰成为一个自由港，这既是出于财政收入的考量，也是为了促进商业繁荣(Langford，1989：32)。他希望将财产和收入的直接税最小化，并继续推行集中化的税收征集。

然而，对于酿酒商来说，这恰恰是不允许发生的事情！其他政治家，如路易十四时期的科尔贝，也曾梦想一个由中央政府有效维护的统一的税收体系。但是科尔贝受到了省制、多税区，以及在法国那样体量的国家中(当时其人口是英国的几倍)监管与执行这样一个制度所固有的高昂交易成本的阻挠。沃波尔并未意识到他的政府能找到这样一种特殊的关税制度是多么幸运，这种制度能够促进税收管理，以迎合政府的总体目标和愿望。虽然可以设计出另一套制度增加税收，但他发现这种制度并不符合当时英国政府所面临的具体利益结构。

下列证据进一步说明了对酒精饮料课税的特殊意义：税收提案只有在被颁布之后才能对其提出反对或上诉。这在整个18世纪是标准的惯例，标志着对财政部金融垄断的认可。尽管遭到许多人的反对，但财政部在上述方面的特权仅在三个场合受到过挑战，即消费税危机、金酒法案以及1765年的印花税法案危机(Brewer，1988：236)。

所有这些税收和法规的最终结果是，啤酒作为最基本的主要商品之一，在接下来的两个世纪里成为英国人饮酒习惯的核心，其消费量在18世纪并没有显著增加。1684—1830年英格兰和威尔士啤酒的应税总量数据显示，除了17世纪末短暂的激增，整个18世纪啤酒的生产总量基本上没有发生实质性的变化。唯独烈性啤酒量在18世纪末和19世纪初出现了显著的上涨(见图6.2)。考虑到这是一个人口快速增长的时期，该数据表明人均啤酒消费量(无论酒精浓度高低)在18世纪大幅下降。早期对饮料征收的消费税和关税，其直接受益者(就绝对数量而言)似乎是金酒，无论是单独饮用还是与啤酒和其他饮料混合饮用，它都最受人欢迎。这种增长与所谓的“金酒时代”是一致的。值得注意的是，政府最终采取了强有力的措施抑制其生产和消费。

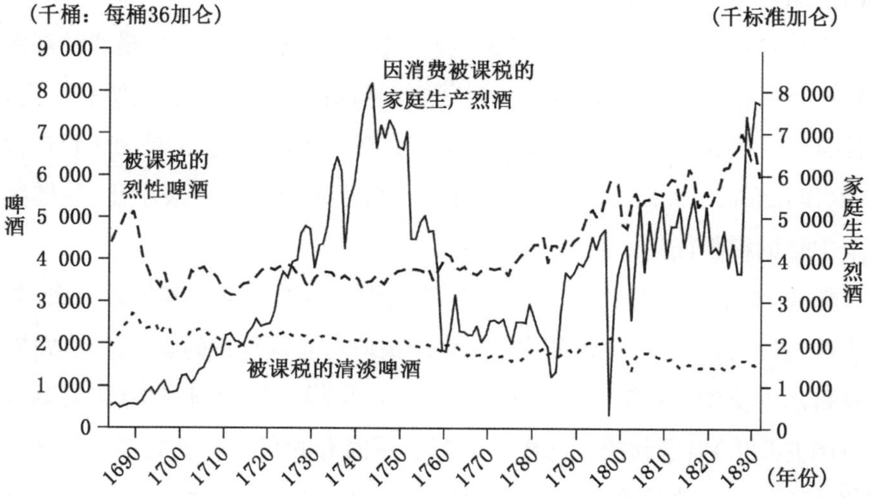

资料来源：米歇尔(1988)。

图 6.2　1684—1830 年英格兰和威尔士被课税的啤酒和家庭生产烈酒

酒精饮料一直是所有商品中最具收入弹性的，其需求通常会随收入增长而大幅上涨，但其在 18 世纪的人均消费中全面显著下降。当时国内的啤酒生产保持相对平稳，充其量也只是略有增长，而外国进口则维持在相当低的水平。

1786 年的《艾登条约》开启了英法之间重新开放贸易的进程，而这一尝试所带来的结果尚不明确。酒类关税并没有发生显著改变，该条约实际上是胎死腹中，就算能产生效果最早也要到 1787 年。法国大革命和拿破仑战争意味着英法贸易又一次长期中断，这恰好是 1689—1713 年第一轮贸易敌对后的 100 年，也预示着英法之间的贸易改革将不得不等到 19 世纪 60 年代才能取得实质性进展。

第七章　19 世纪贸易的政治经济学

我们现在可以回到 19 世纪，重新思考英国作为一个商业大国所扮演的角色，以及历史学家将其视作该时期最杰出和先进的自由贸易国家的观点。通过回顾 19 世纪英国政策的相关问题，我们将看到一个特定的史学传统是如何兴起，并成为主导的理论阐释，而这些阐释皆依赖于英国占据领导地位这一事实(有时被称为英国自由贸易霸权)。根据笔者对英国贸易历史的修正主义观点，我们可以将自由贸易问题与现代国家的崛起，及税收征集和商业保护的重要性这几点充分结合起来，构建出对该时期的另一番解读。

让笔者重申一下本书的主要主张。在 1860 年《英法通商条约》之前，甚至可以说直到 19 世纪的最后 25 年之前，在任何意义上英国都不是一个自由贸易国家。此外，英国向更自由的贸易制度转变的问题，与其国内关于资助政府扩张的适当途径的斗争息息相关。

围绕 19 世纪英国贸易史存在两种截然不同的叙述。我们来回顾一下传统的说法：在 18 世纪英国是一个扩张的重商主义大国，政府不断壮大，海外殖民的野心也与日俱增。然而亚当·斯密和大卫·休谟等作家和哲学家发起了一场运动，后由反《谷物法》联盟等意识形态团体加以继承，由此英国在 19 世纪 30 年代爆发了斗争，并最终在 1842 年对所有外国农产品取消了主要关税。19 世纪主要的政策转变就是，当时世界上主要的贸易国几乎都单方面取消了所有的进口关税，开启迈向自由贸易的进程。这一主张也促使其他国家纷纷效仿，直到 19 世纪末，德国和法国改变了自己的立场，加征了新的关税。而到了第一次世界大战前夕，英国实际上是唯一坚持自由贸易的国家。

但笔者对英国政策的看法则全然不同。反思英国贸易改革的历史，我们发现现有的表述过度依赖于英国贸易领导者地位的神话，且将政策背后的思想信念与现实中政府切实推行的政策相混淆。在这种情况下，即便学者们费尽心思将国内财政政策和国际商业政策联系在一起，人们对这两者关联的方式依然存在误解。我们将了解英国政策中更狭隘的利己主义，与国内利益集团政治变化相结合，是如何利用精英对自由贸易的信念，使英国逐步摆脱贸易限制和保护的。但由于涉及众多国内利益，大部分向自由贸易的转变最初都被夸大了，且主要集中于存在政治争议的关税上，而这些关税恰是重商主义政策的延续。历史学家、经济学家和政治学家都认为《谷物法》的废除是向自由贸易转变的关键节点，因而在重新解读时认定其对自由贸易的政治和意识形态尤为重要。然而深入且切实的自由化还需要几十年的时间才能实现，且必须经过双边谈判才可能发生。而较为狂热的自由贸易者长期以来一直拒绝双边谈判，认为这是不必要的，甚至认为其不利于单边自由贸易进程。

政府的模型

在政治经济学中，基本上有两类政府和政策决策模型。一类模型认为，某些情形下政府使其效用函数最大化，就好像它是一个单一的理性实体。这有时会导致政府被描述为某种福利最大化的理想主义者，而这种观点的一个重要子集，是用精英领导者理念的转变解释政治行为。更常见的是，这种将政府当作单一行动者的观点构成了许多现实主义国际关系理论的基础，在这些理论中，政府在政治、专制的文化或社会压力的制约下，最大化其某些方面的影响力或权力。[1] 若将英国视为一个单一的行为体，其动机可以从整体上考虑，也可以从主要政府行为人的动机中推断出来。就19世纪而言，人们自然会把更多的关注点放在具有高度政治重要性的议题上，以及那些在公众眼中非常突出的问题(比如废除《谷物法》)，或是其他一些对外交和战略政策有重要影响的问题上。关于英国自由贸易的性质和程度的争论，本质上属于此类传统模型。这

1 克拉斯纳(Krasner)的《国家权力与国际贸易结构》(*State Power and the Structure of International Trade*,1976)是贸易关系分析中现实主义传统的经典表述。

种争论源于对国际力量的焦虑，即激励或维护一个国际贸易体制的需求，或者作为与战争和外交相关的其他谈判的副产品而缔结商业条约的意义。

另一类模型则更关注国内。这些压力集团的故事通常包含不同集团间最优化斗争的某种变体，其中他们参与动机的强弱是潜在收益的函数，并由组织的交易成本（通常涉及集体行动问题）和向上聚合中的假设修正。假设集体行动实际上不受约束，我们就会得到一个利益集团的故事，在这个故事中政府将最大化总体福利，因为那些从任何政策中获益或损失最大的人能够在边际上制定政策。

这类模型在经济学中很常见，通常被用于解释诸如保护主义立法或政府对工业补贴的性质和程度等问题。模型关注的重点在于作为国内调解者的政府，恰恰也是那些利用国家权力进行选择性转移的人的寻租工具。可以公允地说，这些模型大多天然聚焦于再分配，即便我们也可将其视为一种从较微观层面分析政府行为的手段。一种重要的变体是将国家（通常是领导层或永久的官僚机构）视为一个独立的行动者，在与各利益集团打交道时具有一定程度的独立自由度，因此其自身的利益与这些集团的利益可能不尽相同。当统治者或统治阶级足够强大或专制时，也会出现这种情况，我们很容易看到这些当权者是如何在一定程度上撇开人民的诉求而行使权力的。显然，所有的政府都受到国内政治的约束，而在特定情形下通常存在一个问题，即多大程度的独立是适当的。

更典型的有关历史的变体能更好地解释上述叙事。在战争时期，将国家作为个体的逻辑占据至关重要的地位，将国家当作一个理性的单一行为体似乎有理有据。在和平时期，特别是在考虑经济政策时，集体行动或者公共选择学派的某些说法是有价值的。某些分析认为商业政策是由渴望获得保护而向政府施加压力的集团，与寻求更高收入的国家机器之间的相互作用演变而来的。尽管不时倾向于将国家视为单一的行动者，上述所有分析却都被默认为利益集团分析。如果一段贸易政策史既能考察财政收入需求与贸易保护势力的相互作用，又存在战争机遇引发的政策转变，这段历史就具有一个优点，即可以准确地列举出一些关键实例，在这些例子中对战略和个人主义的考量超越了对长期经济和社会力量的考量，而后者恰是许多经济学分析所强调的。

然而，与静态模型不同的是，历史学家不得不应对随时间推移中历史性转变所带来的变化。在这种环境下,行为者无法完全内化或提前计算所有预期效应的假设是合理的,且也是现实主义的必要条件。由于动态变化的引入,从静态模型到静态模型的不断转移产生了过渡时期,从而产生新的或更强大的经济主体。无论特定条件带来了怎样的特定均衡行动集,由政策和公共制度演变所带来的制度体系变化,创造了既得利益群体,而这一群体也成为后续谈判和政治变革的重要约束条件。如果这些影响是完全可以计算和预测的,那么忽略制度变化或时间的随机性将是合理的。我们可以预见新的根深蒂固的利益集团的存在,并在决策制定过程中将其考虑在内。然而,如果没有这样的远见,规则的变化及从这些变化所产生的租金中获益的新利益集团的出现,将会导致意想不到的后果,也就是通常所认为的路径依赖的历史体系。

作为自由贸易霸主的英国

在将国家作为理性行动者的理论脉络中,有一套重要的模型,即通常归属于"霸权稳定论"标签下的现实主义模型。其有关贸易政策的观点是,维持自由贸易区会面临"搭便车"的问题,即一国具有动机一边鼓励其他国家实行自由贸易,一边独自施加关税。而只有当该国拥有一定的市场影响力时,这种做法在经济上才是合理的;否则单边自由贸易将是最理想的政策。但是,政府受国内特殊利益集团的约束的观点可能会带来一种变体,在这种变体中,顺从国内商业保护需求的诱惑是"搭便车"的基本出发点。在这种模式下,需要一个自由贸易领袖维持这个体系,否则这个体系就会崩溃。这些在国际政治经济学文献中常见的观点,据说来源于查尔斯·金德尔伯格(Charles Kindleberger,1978)的著作,尽管他自己对英国作为自由贸易霸主的角色持模棱两可的态度,而更倾向于将英国的政策归因于当政者信仰的意识形态。[1]

1　金德尔伯格(1978)很好地阐述了贸易历史的"传统"观点。他驳斥了英国想要实现自由贸易帝国主义的说法,因为政治经济学家"相信要在最便宜的市场买进,而在最昂贵的市场卖出",这与英国对法国葡萄酒的政策完全相反(Kindleberger,1978:51—52)。他还直率地将1815年后的法国描述为"一个对所有东西……征收关税……的高关税国家",这归咎于杜尔哥(Turgot)的重农主义思想遭到诋毁(Kindleberger,1978:53)。他的观点同样也需要大幅修正,因为在19世纪前三分之二左右的时间中,法国的关税水平与英国相比显得更符合自由主义。

许多政治理论家认为，经济增长需要一个技术和政治领导者推动创新并支撑自由贸易的体制，尤其是在19世纪。典型的论点如罗伯特·吉尔平(Robert Gilpin)所提出的："这些超常增长特征的第三个特点是，它们是在霸权经济的领导下走向自由贸易的……1846年《谷物法》的废除见证了英国自由贸易时代的开启，这一时代一直持续到19世纪70年代经济民族主义复兴之前。"(Gilpin，1987：104－105)尽管霸权理论家往往不愿精确地指出关于霸权和经济状况之间的因果关系，但作为该领域的领军者之一，他的说法显然是直言不讳的。

这种说法引起关注的原因是它与从贸易统计数据呈现的年代特征并不一致。《谷物法》的废除并没有直接导致自由贸易时代的到来；相反可以几乎肯定地说，19世纪70年至90年代英国和欧洲的贸易比1846—1870年更为开放。直到19世纪70年代，英国的关税才低于法国。从那时起英国的关税一直很低，直到第一次世界大战。此外，与梅林关税(Meline Tariff)相关的民族主义的激增，似乎并没有导致法国的平均关税大幅高于19世纪60年代和70年代，且明显低于40年代末英国和法国的普遍水平。显然霸权主义除了为19世纪中叶提供了一个修辞上的标签外，对自由贸易的扩张几乎没有起到什么作用。

了解英国贸易政策的本质，对于评估有关19世纪英国影响力的论点具有特殊意义。这一时期的英国上升为对外贸易乃至自由贸易的领导者，虽说这种理论缺乏实证基础。作为此类论述的一个例子，吉尔平认为"在政治战略框架中，英国主要利用自由贸易和外国投资为工具，从而有效地重构了国际经济，并在国际事务进程中发挥巨大影响"(Gilpin，1971)。

这个论点把两件截然不同的事情混为一谈了。人们认为英国从国际贸易中获益明显，且英国成功地操纵国际贸易条件使之对自己有利，这两个方面相辅相成。前一观点很容易令人接受，后者则并不准确，若如此宽泛而模糊地界定"影响力"，那么"霸权"或"领导力"的概念将失去任何分析意义。

吉尔平的观点对世界贸易领袖的真正权力做了错误的判断。一国成为世界贸易的主要伙伴并不意味着其对贸易模式有任何真正的影响，也并不意味着其成功地控制和支配了这场贸易。在经济学中，这一谬论自动地将占有大部分市场份额与垄断权力混为一谈。

在同一篇文章中，吉尔平谈到了19世纪末英国势力的消弭或侵蚀。由于19世纪前50年中英国对促进世界自由贸易所发挥的作用有限，即便其达到最大限度的自由贸易时，也未能最终阻止保护主义壁垒在法国和德国的崛起，从这一点看，怎么能说19世纪自由贸易体制的存在很大程度上归功于英国的单边主义呢？答案是显而易见的。这反过来又令英国“塑造”了全球贸易以便让自身格外获益的主张成为谬论。

较为公允的看法是自由贸易体制创建时，英国接受了法国的贸易条约，而该条约从未是单边自由贸易主义者想要的，而当法国和德国这两个与英国及其他国家签订贸易协定的先驱者想要退出自由贸易时，欧洲的贸易网络便开始分崩离析。作为一个高效的工业品出口国，自由贸易网络的兴起必然会推进英国制造业专业化。我们还可以认为，这个网络是为需要英国的新产品和工业科技的贸易伙伴所创建的；反之并不尽然。这种观点将进口英国产品的国家置于国际贸易的领导地位。从任何意义上讲英国“造就了劳动的产业分工”都不是准确的(Gilpin，1971)。历史记录中并没有提供任何有关英国专门采取过行动的证据证明上述观点。

废除《谷物法》

鉴于其在英国贸易政策史学中的重要性，任何一项关于19世纪贸易政策的研究，起码要尝试总结一下该文献的关键成果，否则将是不完整的。在前一章中我们宽泛地探讨了英国贸易开放性的问题，以及英国在多大程度上是一个真正的自由贸易国家。本节将简要回顾废除《谷物法》的政治经济学，探究如何从关税史的修正主义视角出发理解这一政策转变。

对商业史学家来说，19世纪的中心问题是“为何英国会单方面地转向自由贸易，以及《谷物法》的废除是如何发生的”(Schonhardt-Bailey，1997：1)。这些问题的前提假设是废除《谷物法》确实带来了自由贸易。这一假设构成了维多利亚时代英国政治经济学分析中所有问题的框架。但是，假使英国并非人们所宣称的自由贸易者呢？

《谷物法》的废除无疑是19世纪商业政策思想史上的一个分水岭。然而重要的是，须将这一事件对意识形态或促进自由贸易的意义，与它对商业政策的实际影响区分开来。

现有的历史编纂者倾向于将两者混为一谈，在缺乏论据的基础上，假设《谷物法》的废除为英国的单边自由贸易打开了大门。因此也就不奇怪为何分析都集中于废除《谷物法》的具体条件上，并将法案废除的过程等同于自由贸易在英国和欧洲的开端。

由此引发了两种推论。正如伊恩·麦克莱恩(Iain McLean，2002:133)所指出的，这要么被视为曼彻斯特学派理论的胜利，要么被视为19世纪英国国际霸权的开始。但他同时也提到，根据皮尔(Peel)自己的说法，曼彻斯特学派的解释并不准确，除非有人假设他有某种错误意识。后一种推论与下列问题密切相关：什么构成了英国的霸权，以及单方面降低关税是否有利于其霸权的建立。

在后一种情况下，当前研究中采取的路径就显得尤为合适。当谈到英国凭借自由贸易体制在欧洲贸易中实际占据的主导地位时，我们有必要问一问，英国是否真的是一个自由贸易国家。如果重视上述有关英国维护关税的证据，那么答案显然是彻底否定的。此外，《谷物法》废除后英国推动贸易自由化的努力在1860年之前并未打动其他欧洲列强，无论世人认为英国在自身的贸易自由化上取得了怎样的成功，将英国主导权当作欧洲贸易体系的支柱，这样的理论是难以令人信服的。

在多种因素共同作用下《谷物法》变得很复杂，这些因素包括进口谷物关税、出口补贴，以及根据谷物的相对价格及其可察觉的过剩或短缺而施加的管控。[1] 然而人们往往忽略了一点，即谷物等产品是在其进口来源国生产，并在多年产量异常充裕的情况下才出口的，因此对其征收关税而对该国产生的损害，通常要小于对生产成本远未达到充分竞争水平的产品所征收的关税。换句话说，国内替代品与进口商品越接近，关税的约束力可能就越小。但也正由于这

1 乔治·斯科恩·凯斯(George Skene Keith，1792)的文章中阐明："只要允许存在出口补贴，那么所有进口都应该被禁止，而一旦谷物价格上升到不需要补贴的时候，就应对国外进口到这个国家的谷物征收一系列高昂但非禁止性的关税。"

些关税会对本地产品产生直接且显著的影响,它们也可能成为政治的焦点。

从这个意义上说,废除或维持《谷物法》的斗争是经典的,因为它结合了狭隘的各种特殊利益集团间的政治操弄,与对政府管理的适当程度的广泛关注,以及干预国际贸易的合理限度的质疑。当时有一大群积极推动斯密和李嘉图学说的人,他们在知识分子界发起了一场持续的辩论。这场辩论动摇了精英们由来已久的经济理论观点,即将农业作为国民生产的关键部门来支持和维护的意义,而对这一问题的争论在大多数工业化国家中一直延续至今。与此同时,英国生产在19世纪发生了决定性转变,向制造业和重工业倾斜,削弱了农民在经济中的相对力量,尽管他们几乎团结成一个利益集团。反《谷物法》联盟的活动使得廉价面包消费者的利益成为实质性辩论中的一个重要问题,即使在不列颠并不存在为大众消费者所进行的真正有效的游说。

但最终粮食关税的降低只是开启了自由化的进程,并没有突破重商主义者对葡萄酒关税的控制。它导致了数百项税收的取消,这些关税大多对大不列颠的整体贸易无关紧要。正如前面一章所指出的,英国取消农业关税这一事件,与同时期的法国相比阵仗小得多。

由于错误地将废除《谷物法》等同于转向近乎纯粹的自由贸易,这一观点甚至让有关这一主题的更严谨的经济学文献也备受困扰。迪尔德丽·N. 麦克洛斯基(1980)和道格拉斯·A. 欧文(1988)通过考查政策转变对国民收入的影响,分析了英国削减关税的福利效应。两者都解决了这样一个悖论:一个国家选择转向自由贸易而放弃收入,与此同时其市场力量实际上完全可以(从纯经济的角度证明)实行积极的、最优的关税。麦克洛斯基所做的简略计算显示损失可能很小。欧文做了较复杂的分析,但该分析存在一个问题,即模型假设英国一开始就是一个有竞争力的参与者,并且在英国拥有市场力量的情况下强加了特别的调整。他们二人得出同一结论,即贸易给国民造成了损失,为此不得不解释说经济学模型纯粹是静态的,没有考虑到变革的动态影响。然而,这种动态效应并没有真正得到深入的探讨,也没有人认识到在19世纪40年代和50年代,为了回应英国人民的行动,英国政府在促进自由贸易上的举措实际上收效甚微。

最重要的是如达赫利亚(Dakhlia)和奈所证明的(详见附录的分析)在一

个明确处理英国市场力量问题，并比较了英国和法国实际关税的经济模型中，向自由贸易的转变短期内实际上并未给英国造成损失。在《谷物法》废除后不久到1860年《英法通商条约》签订之前的那段时期，英国的关税仍然很高，如果继续取消所有剩余的关税，英国仍将获得更多好处。若与法国比较，英国明显比法国获益更多(Dakhlia and Nye，2004)，这意味着之前关税对英国经济的约束力要比对法国强得多。

对英国政策的重新解读表明，我们不必刻意曲解英国的所作所为。看一下19世纪整体的贸易格局就能轻易发现，在19世纪上半叶英国的关税往往很高，而当时其市场力量可能也达到了最高点。相反随着19世纪的发展，由于欧洲主要强国在工业上的追赶，英国逐渐失去其绝对领先地位，在任何关税都可能损害其经济健康的情况下，英国开始向自由贸易靠近。因此关于关税政策，现实主义和集团利益的叙述是一致的。英国在19世纪90年代似乎异常幸运地达到了政治平衡，这种平衡支持了那些对整个经济真正有效的贸易政策。

如果放弃对贸易政策的关注，不再将其当作国际政策中战略考量的象征，我们则必须转向国内利益的层面。关税政策对应着国内谋求影响力的集团的命运变迁。这种解释有时被称为内生关税理论(Endogenous Tariff Theory，ETT)，源于公共选择文献及政治经济学中的相关分支。政府被纯粹视为特殊利益集团的马前卒，对这种观点的主要补充是将政府本身视为一个独立自主的行动者。在此假设下政府官僚机构及其受益者作为独立的存在，并不受选举他们的国内利益集团的影响。在不同主张的利益集团间调解时，政府官僚机构存在保存自身既得利益的愿望，因而渴望扩大其影响范围并保留干预国家的必要手段，尤其是一项庞大且不断增长的收入来源。

在此情形之下本书提出的主张就具有额外的意义。例如，废除《谷物法》仍然是一个重要的政治问题事件。除却国际政治经济学的理论以外，人们可以以各种理由研究它的起源。以下两个问题颇有意思：一是“廉价面包”在推动各种形式法律上所起的作用，二是对葡萄酒(当时被纯粹视为奢侈品)的相应争论的缺失，是如何阻碍了英法在19世纪40或50年代更早地达成协议的可能(Dunham,1930:282)。[1]

综上所述,《谷物法》的废除毫无疑问失去了其作为19世纪贸易史关键事件的特殊意义。这不仅仅是一个观点,更是一个基于手头一系列经验证据的判断。相对而言,19世纪英国的自由贸易运动应该凭借其在思想史上的意义而受到认可,而不是因其成功地将自由贸易政策引入整个欧洲。

饮料与财政利益的演变:《啤酒法案》

按照标准的描述看待英国的自由贸易,会导致我们忽视许多有趣却难以契合标准贸易描述的旁系案例。其中1830年的《啤酒法案》就是一个很好的例子。

人口的快速增长、经济的广泛发展、拿破仑战争的结束以及工业革命带来的巨大变化,极大地改变了英国主要政治势力之间的动态关系。这些事件为法案的订立奠定了基础,该法案将开放啤酒产业,削弱(即便不是完全消除)面临葡萄酒竞争时对啤酒的保护。这种转变是出于两方面相互作用关系的考虑:一方面是维持关税和消费税以增加财政收入的需要,另一方面是农业相对于工业、粮食生产相对于制造业的势力削弱。跨越19世纪中期的三个政治法案显得至关重要,尽管几乎从未有人在历史文献中将它们联系在一起。它们便是1830年的《啤酒法案》,1840年《谷物法》的废除,以及1860年的《英法通商条约》。

1830年的《啤酒法案》在自由贸易文献中很少被提及,且在废除《谷物法》的讨论中往往被完全忽略(Hilton,1989)。触发该法案的社会压力源自18世纪促进酿酒业寡头垄断所导致的冲突,以及酿酒垄断与国内啤酒生产的高昂税收之间的奇特互动。在整个18世纪尽管收入和人口增长了,但啤酒的消费

---

1 D. G. 巴尔内斯(D. G. Barnes,1961)的《1660年到1846年英国谷物法》(*A History of the English Corn Laws from* 1660—1846)也有助于展示英国的各种农业税收、关税、法规是如何从17世纪大体支持国内贸易管制,转向18世纪限制谷物跨境销售的出口关税,以及19世纪早期更普遍的进口关税的。整个过程中的政治诉求据说是要维持一个对消费者和生产者都公平的价格,特别是面临国际经济条件、收成的波动或技术进步引发市场剧变的隐患时,英国人往往诉诸政治,但这种剧变最终并不可能被这些政策所阻挡。

却一直保持稳定。毫无疑问,其中的一些增长被私人酿造所抵消,尤其是在农村。然而伦敦在人口总量中的重要性以及工业无产阶级的崛起,意味着所有此类未经许可的生产对缓解普通工人的困境几乎没有帮助。1813年之后,由于零售价格下降而税费却保持在高水平,这种情况进一步恶化(Gourvish and Wilson,1994:9)。毫无意外,19世纪早期的啤酒消费继续停滞不前,而人口的高增长意味着人均消费的下降。

这些问题无疑促使人们重新审视围绕啤酒生产和销售许可的垄断行为。尽管自1729年以来如旅馆和酒肆等零售机构每年都要获取许可证,但直到1817年大都会警察特别委员会(Select Committee on the Police of the Metropolis)才正式提请政府关注,许可证管制是如何导致啤酒销售的垄断利润的(Great Britain,1817,VII)。对政府上述做法的怨愤似乎更表明了消费者需求(特别是来自伦敦工人阶级的)影响力的转变,抑或是政治领导者意识形态的变化,这些领导者开始重视斯密和李嘉图的思想。然而这样的审视及《啤酒法案》本身所带来的变化,大多并没有缓解消费者的实际困境,而事实上仅是给啤酒生产商提供了救济。

这可以被视为"旨在"帮助消费者的政策的反常结果,但若是精通公共选择及特殊利益集团影响的文献,就不会对上述结果感到诧异。麦芽税在1816年减少了40%,从而增强了生产商的盈利能力(Gourvish and Wilson,1994:9)。1830年法案废除了高酒精度啤酒和苹果酒的税费,同时允许在有限的管制下以少量手续费换取啤酒售卖权(Gourvish and Wilson,1994:14)。

不足为奇的是,此举并没有解决啤酒生产的垄断问题,也没有削弱法案出台前的一个世纪里大型啤酒酿造商所建立起来的成熟的直销专卖店体系。消费者的困境几乎没有得到缓解,价格并未大幅下跌,而被看作新的竞争来源的啤酒屋酿酒商,其产量到1860年也未超过10%(Gourvish and Wilson,1994:19)。新零售场所的兴起并没有降低价格或减少垄断利润,因为新销售者的全部或大部分啤酒,基本上还是从持续繁荣的大型啤酒厂获得的。对啤酒或麦芽的税收大幅降低,可能削弱了酿酒商对政策的影响力,因为他们对国家整体收入的贡献将会下降。1860年《英法通商条约》同时影响了贸易保护和政府收入,而政府在这两者中权衡,最终选择通过降低啤酒税将重点放在了关税调整上。

19 世纪中叶的政府收入与预算:从保护到稳定

其他相关问题还包括,随着饮料产业在整个 19 世纪里逐渐式微,政府在收入方面的担忧是如何与保护主义和重商主义情绪相互作用的。最初实施葡萄酒关税纯粹是出于贸易保护主义,但这并不妨碍其成为公共财政的一部分,因为从所有酒类相关项目上获取的关税和消费税增加了政府收入。19 世纪的领导人面临的问题是,如何在维持国家赖以生存的财政收入的同时,对关税和消费税存在的贸易保护主义因素进行改革。

对预算的担忧,是 19 世纪上半叶英国推迟与法国及其他国家签订贸易条约的主要原因。由于预算的问题意义重大,我们有必要考虑 19 世纪 60 年代主要税收变化所带来的政府实际收入的变化,然后将其与 1860 年《英法通商条约》及随后的相关税收调整的官方预期效果比较。恰好《经济学人》(*The Economist*)曾以 1865 年的政府统计数据为基础,重新制作了一张表格,其中显示了葡萄酒、烈性酒、啤酒花等产品的关税下降所带来的预期缺口(见表 7.1)。

19 世纪 60 年代早期少数几项税收增加或提高了,即便将此考虑进来,《英法通商条约》在科布登和谢瓦利埃(Chevalier)的斡旋下签订后,1861—1866 年预算的预计净损失仍超过 1 600 万英镑。关税和消费税的官方数据显示,在 19 世纪 50 年代和 60 年代税收收入十分稳定;在 19 世纪 60 年代末,税收收入出现了明显但仍属温和的下降。总的来说从 1840 年到 1870 年,每年的关税收入都在 2 200 万到 2 400 万英镑。这与我们更详细的可计算的一般均衡的计算结果相一致,表明总体上英国贸易政策或多或少最大化了财政收入。

表 7.1　取消或降低以及开征的税收数额明细

收入项目	年份	取消或降低的税收		开征的税收		估计净税收减少（英镑）
		估计每年免除（英镑）	项目明细	估算每年产生（英镑）	项目明细	
关税	1860—1861 年	2 840 931	《英法通商条约》取消的税项：黄油、鸡蛋、橙子等，大米、动物油脂、丝织品、手套及其他杂货。降低的税项：葡萄酒、烈酒、木头和木材、黑加仑、葡萄干及其他杂项	577 904	英属殖民地烈酒、提单费	
	1861—1862 年	279 558	取消书籍、纸张的关税 降低葡萄酒及啤酒花关税	15 000	菊苣	
	1862—1863 年	98 671	取消啤酒花的关税	6 811		
	1863—1864 年	1 896 319	降低茶叶（从每磅 1 先令 5 便士到 1 先令）及烟草关税；取消提单费		菊苣	
	1864—1865 年	1 744 384	降低糖、糖浆及碳的关税			
	1865—1866 年	2 300 000	降低茶叶关税（从每磅 1 先令到 6 便士）			
	6 年合计	9 159 863		599 715		8 560 148

续表

收入项目	年份	取消或降低的税收		开征的税收		估计净税收减少（英镑）
		估计每年免除（英镑）	项目明细	估算每年产生（英镑）	项目明细	
消费税	1860—1861 年	105 000	降低啤酒花税	1 090 000	烈酒及菊苣、餐饮店许可证	
	1861—1862 年	1 350 000	取消纸张税	5 000	菊苣及许可证	
	1862—1863 年	250 000	取消啤酒花税	232 000	酿酒许可证	
	1863—1864 年			24 000	驿车、啤酒零售商许可证	
	1864—1865 年	15 000	降低茶叶许可证费	9 000	提高酿酒用糖及菊苣税	
	1865—1866 年					
	6 年合计	1 720 000		1 360 000		360 000
印花税	1860—1861 年			163 000	对各种器具的印花税	
	1861—1862 年			60 000		
	1862—1863 年	5 000		20 500		
	1864—1865 年	255 000	降低火灾保险税			
	1865—1866 年	520 090	同上			
	6 年合计	780 000		243 500		

续表

收入项目	年份	取消或降低的税收		开征的税收		估计净税收减少（英镑）
		估计每年免除（英镑）	项目明细	估算每年产生（英镑）	项目明细	
所得税	1860—1861 年			1 060 000	提高了 9 便士及 6.5 便士，达到 10 便士和 7 便士	
	1861—1862 年	1 060 000	降低到 9 便士和 6 便士			
	1862—1863 年	2 750 000	降低到 7 便士			
	1863—1864 年					
	1864—1865 年	1 230 000	降低到 6 便士			
	1865—1866 年	2 600 000	降低到 4 便士			
	6 年合计	7 640 000		1 060 000		6 580 000
总计	6 年	19 299 863		3 263 215		16 036 648

资料来源：《经济学人》(June 24，1865：751)。

由于其保护主义的设计，葡萄酒关税的改进空间最大，但政府不会完全消除这种扭曲，除非先获得补偿或对国内酿酒业和蒸馏酒业进行税收调整。结果似乎不言自明，我们看到了总体收入非常稳定——部分反映了消除扭曲对供给侧带来的收益，尽管其在促进公共利益和创造净收入方面几乎没有起到作用。葡萄酒平均关税的降低，加上基于酒精浓度的计税方式的转变，意味着总收入变化不大；19 世纪 60 年代，英国对法国葡萄酒的进口增长了 600%，而其他葡萄酒和烈性酒的进口虽然也明显增加了，但小于法国葡萄酒的进口。廉价和低酒精浓度饮料的进口量似乎大幅增加了。

英国财政收入的总体走势实际上与 18 世纪的情况正好相反。在之前的一章中，我们论述了英国利益群体的转变增加了关税和消费税，从而使沃波尔政府避免直接对土地所有者施加压力。到了 19 世纪末英国贸易最为自由时，其税收构成却呈现显著变化，转而向新的所得税和不动产税倾斜。

图 7.1 显示了 1802—1913 年英国财政收入构成的变化情况。关税收入占总收入的比重在 19 世纪 40 年代初达到顶峰后大幅下降。从 19 世纪上半叶到 1913 年，消费税份额也有所下降。相比之下，在第一次世界大战前夕，所得税和财产税以及不动产税大约占到政府总收入的一半。尽管直接征收的土地税在总财政收入中只占小部分，且其比重甚至下降了，但显然脱离贸易保护主义的转变意味着，19 世纪后期的英国不得不依赖对所得和财富直接课税来作为财政收入增长的基础。值得注意的是，上述数据是以百分比的形式，随着总税收收入的增加，消费税和关税的绝对值也在增长。但大部分的总收入增长不得不依赖新的直接税，而这些直接税收入很快赶上甚至超过了原先主要来自关税和消费税的收入。这与我们的观点是一致的，即如果英国没能成功地通过较高且较易征收的关税和消费税增加财政收入，则其在 18 世纪就将被迫提高土地税和财产税，或者找到其他的收入来源。19 世纪财政收入构成的变化可以说始于《谷物法》废除后英国关税的下降。财产税和不动产税收入的增加所带来的真正大的构成改变，则出现在 19 世纪最后 25 年，即 1860 年《英法通商条约》签订，且到 1870 年欧洲大部分国家广泛签署了双边自由贸易协定以后。

英国处理预算恐慌的政策总体上取得了成功，足以令 19 世纪 60 年代成为 19 世纪英国自由贸易的真正起点。1865 年 4 月 22 日的《经济学人》指出：

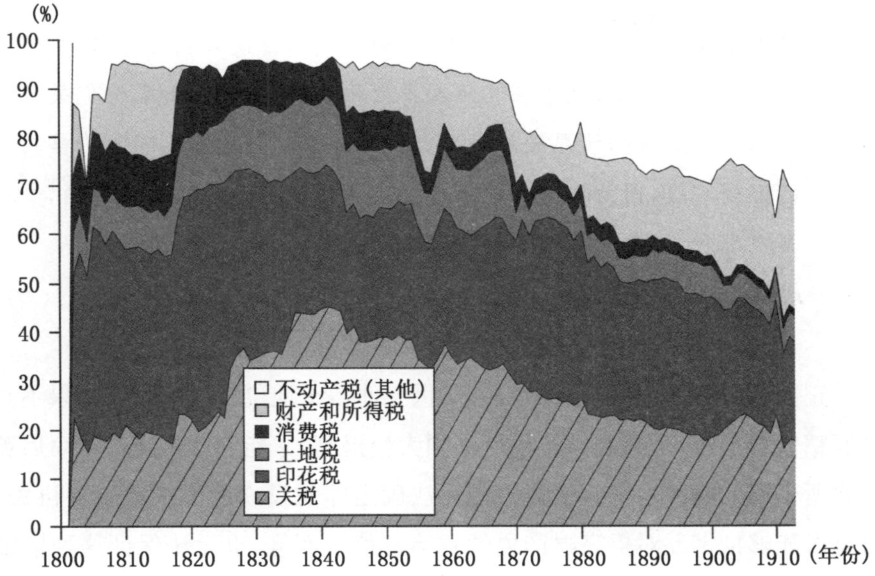

资料来源：依米歇尔(1988)计算而得。

图 7.1　1802—1913 年不同税种在英国财政收入中所占比例

"毫无疑问目前的财政管理体系是一个卓越的系统。它的确免除了大量税收，但我们的财政收入仍然非常旺盛。习惯了长期赤字的法国人无法理解减税会与财政收入的增长相容，更不要说会促进财政收入的增长。"(*The Economist*, April 22, 1865: 462)这些言论以及 1860 年《英法通商条约》签订之前长达 20 年的有关预算的辩论清楚地表明，英国财政收入的产生与关税存在关联。不过政府也清楚地意识到，收入方面的担忧阻碍了英国达成完全的自由贸易。他们知道在 1860 年以前对法国葡萄酒征收的关税并不完全符合自由贸易的原则，却依旧认为这是维持财政收入所必需的。他们也明白葡萄酒关税的改革会促使法国方面采取互惠行动，1860 年的实际情况也确实如此，并将使该类别的总体关税与他们自始至终拥护的自由贸易原则更为一致。

1860 年《英法通商条约》招致废除麦芽税的压力，而关税改革必须为此承担部分责任。很明显所有相关人员都明白潜在损失相当大，且麦芽税与土地或财产税是对立的。因此，在前文提到的那期《经济学人》中，有一篇关于麦芽税的通讯稿说：

21. 没有一个理性的人会认为财政部可以在不征收新税的情况下承受600万英镑的损失，而新税种的性质必须是普遍的，既落在农民身上，也落在其他人身上……由此推断，如果他们关于取消麦芽税的请愿圆满成功，他们唯一的收益将是啤酒价格的微弱下降，因为人们将由于其他产品被征税而选择购买啤酒，而在那种情境下毫无疑问只能提高财产税。(《*The Economist*》，April 22，1865：469)

正如前一章所述，这种约定在18世纪使得土地税得以免除。如果不对各种酒精饮料征税，土地和财产税就必须大幅提高，才能创造出光荣革命后英国政府所享有的收入水平。然而我们无法确定即便设立起了中央税务机关，政府是否能够抵御反对提高财产税的政治抗议。而且，也无法保证这种措施真能产生所期望的财政收入。

需要指出的是，某些作者倾向于将英国基于啤酒和葡萄酒的税收系统看作无贸易保护作用的，纯粹为财政收入而征收的税种。但他们不得不承认，理论上财产税才是更中性且经济上更有效率的税种。然而，单纯关注效率问题是行不通的。消费税和关税之所以被保留恰恰是基于其贸易保护及财政收入的属性，而这就是野兽的本性。与欧文(1993)的观点相反，中性的税收需要对所有商品课征才是真正中性的。

事实就是如此，作为主要消费税之一的啤酒税最终在1881年被废除。

修正的英国贸易政策史及法国的角色

我们该如何概括修正的英国国际政策史？关于19世纪40年代英国废除《谷物法》的动机及所面临的压力，本节的复述并无改动。反《谷物法》运动依旧是国会消除大多数谷物进口关税及限制的推动力量。这一运动涉及自由贸易主义者联盟与实业家的联手。自由贸易主义者联盟主张为大众提供廉价面包，实业家则亟须为产业工人阶级改善条件，而工人阶级在主要城市中心的地位日益凸显。这一运动触发了人们取消绝大多数工业品关税的愿望，并在接下来的几十年里开启了英国逐步降低平均关税的进程。

然而，出于降低葡萄酒关税会影响预算收入的担忧（不仅关于可能造成的巨大直接收入损失），以及存在补偿性地减轻国内商品税收的需要，政府不愿意消除或大幅调整各种酒精饮料以及对酒的生产至关重要的投入要素（如糖）的关税。像葡萄酒这样的酒精饮料愈发被视为奢侈品（实际上甚至比前几个世纪更奢侈），所以“廉价面包”带来的压力无可比拟，这种压力将导致更大规模的运动呼吁降低葡萄酒和烈酒关税。毫无疑问法国仍被视为英国的一个重要对手，因此对有利于法国的政策的担忧依然存在。拿破仑战争结束时，显然没人能预见英国此后再不会卷入与法国的全面冲突，而且外交政策的考量对贸易政策依旧存有影响也不足为奇。

尽管如此，推动自由贸易的知识分子运动势头强劲，他们促使英国政府在全欧洲单方面降低关税，并考虑与法国和西班牙签订双边贸易协定的可能。这场运动声势浩大，但英国政府在葡萄酒关税问题上并不妥协，这意味着在 19 世纪 40 年代与上述两个国家的所有谈判都将被政府断然拒绝。具有讽刺意味的是，当时的世界领导人可能并不知道，法国的贸易体制比英国在废除《谷物法》前后的体制更加开放。同期的法国削减了农业税，且在事后看来这与英国的决定完全无关。毫无疑问，这与古典自由主义思想在整个欧洲的传播，以及更具体的现实需要有关，即这两个工业先驱国的工业和制造业势力日益壮大，因而对于寻求扩大工业劳动力规模的人来说，廉价的粮食是一个至关重要的需求。

19 世纪 50 年代的变革为法国和英国开启更自由的贸易提供了新机遇。在英国，财产税的增加及新开征的所得税在短期内抵消了葡萄酒关税降低可能导致的财政收入压力（见图 7.1）。

在欧洲大陆上，法国经历了一系列重要的变革。其中最重要的是路易·拿破仑成为法国领袖，他最初以终身总统上台而后则自封为拿破仑三世皇帝。如果说哪个人拥有思想的力量的话，那么拿破仑三世可能会是候选人之一。受多年流亡英国的影响，拿破仑三世是一位狂热的经济自由主义者，也是一位聪明的政治家。在其统治的 20 年间，他在促进工业化、鼓励经济增长和改革贸易政策方面比 19 世纪任何一位法国领导人做的都多。

在商业方面，拿破仑三世解除了对有限责任公司的管制，这使得法国能够与19世纪中叶在英国日益普遍的企业创新相匹敌。通过动产信贷银行(Crédit Mobilier)和其他机构，投资银行业务受到促进并得以蓬勃发展。法国的铁路系统成功地瓦解了许多地区的自治属性，进而促成了一个真正统一的国内市场。在宏观经济层面，19世纪50年代被一致认为是一个转折点，从那时开始工人阶级的平均工资持续上涨，并在整个世纪的剩余时期里也保持了这个势头。

拿破仑事业的目标中最重要的，是他在国内外热忱推动的贸易自由化。拿破仑三世明白，尽管19世纪30年代后弗雷德里克·巴斯夏(Frederic Bastiat)等自由贸易者积极鼓动，但要在法国正面争取"自由贸易"不太可能奏效。第二帝国政府(始于1852年)成立了高级贸易委员会来就贸易政策提供建议。在委员会中公开的贸易保护主义者占据优势，即便如此，拿破仑三世在整个19世纪50年代中仍旧通过对贸易体制持续进行一系列"修订"及合理化，进一步促进了贸易自由化(Dunham，1930：19—27)。如果仔细阅读19世纪50年代发给各界商会的调查，我们还可以发现，拿破仑政府一直在询问不同的行业领袖对修改现行关税结构的益处有何看法，借此调研改革的收益。虽然赞成更多贸易保护的群体和地区数量，与希望降低关税的数量大致相当，但这些调查仍为政府提供了重要的信息来源，以便更准确地确定哪些团体会反对改革(Nye，1991a)。

国务委员会的米歇尔·谢瓦利埃(Michel Chevalier)也发挥了重要作用。同时在英国积极的自由贸易者理查德·科布登也推动了《谷物法》的废除，但他认为单方面削减关税对于政策改革是必要且充分的，这种态度意味着鼓励其他国家削减关税实际上并不会起到什么作用(Dunham，1930：40)。与此形成鲜明对比的是，谢瓦利埃在国务委员会内部为进一步的自由贸易而持续努力，并提出了与英国的贸易条约。虽然从未公之于众，但1856年谢瓦利埃就曾尝试与英国进行条约谈判，然而就像19世纪40年代早期的谈判一样，这一提议遭到了英国人的拒绝(Dunham，1930：47)。但这些准备工作确实为1860年的谈判铺平了道路，两国最终签署了著名的《英法通商条约》，法国解除了对英国工业品的所有禁令。在英国方面，条约大大降低了法国葡萄酒的关税，并改变了确定关税水平的基础:从容量变为酒精浓度。对于较廉价的产品,以酒精浓度为课税基础的关税一定程度上消除了不利于清淡的法国葡萄酒,而有利于高酒精浓度的葡萄牙和西班牙产品的固有偏向。

可悲的是,谢瓦利埃的名字并没有与 1860 年最终达成的条约联系起来,它通常被称为《科布登条约》,即使科布登长期以来一直认为条约是促进贸易的次等手段。谢瓦利埃之所以在历史上被忽略,一部分是源于他与皇帝之间私人的、不可知的交往,但更有可能如邓纳姆(Dunham)所雄辩地指出的:

> 谢瓦利埃从未正式在谈判中扮演过重要的角色。他从来没有担任过全权代表的职务,也没有签署条约,他仅作为对英国谈判代表派出的技术顾问参加了几次正式的全权代表会议。最后,法国签署 1860 年条约是凭借行使专制权力,却违背了公众舆论,无视了法国国会两院多数人所共同持有的观念……因此,当科布登再次成为英格兰的民族英雄时,谢瓦利埃在法国并没有受到赞扬却遭到了许多辱骂。(Dunham,1930:59)

相比英国,法国看起来才是真正的自由,因为它不那么虚张声势,且同时还需压制意识形态的反对意见。然而法国皇帝的权力太大,以至于可以靠行政决定签署条约而越过议会的审批。此外,拿破仑三世从未宣称自己的目标是自由贸易,因此避免与意识形态势力直接对抗,而他本身必然无法战胜这些势力。拿破仑三世还机智地授权政府向许多工业集团提供特别贷款,尤其是对纺织品行业,而这些集团往往可能会遭受 1860 年条约的影响。上述措施削弱了该条约在 1860 年 1 月向法国公众宣布后可能面临的政治上的抗议。法国皇帝几乎逐一补偿了最有可能从条约中遭受损失的人。这是不同寻常的,因为经济学家讨论贸易自由化的好处时,通常会探讨由获益者补偿损失者的可能性。然而在实践中这些所谓的"旁支付"几乎从未发生过,因此只要遭受损失的一方能够较好地组织起来,阻止一场他们将不得不承担代价的变革时,对国家整体而言有利的政策变革往往就会被规避。假使"旁支付"在实践中更为普遍,或许改善福利的变革就会更易于推进。

1860年《英法通商条约》意义重大，这一单一事件在整个欧洲开启了自由贸易进程。出于被两个主要经济大国间的贸易体系排除在外的担忧，欧洲其他国家大多很快就与英国或法国签署了贸易协定。1860年的条约是一个最惠国条约，这意味着任何后续的关税降低将与之前参与协议的各方共享，英国或法国与任何其他国家之间的双边协定有效地创建了一个扩大的贸易集团，这一集团在十年多的时间里几乎涵盖了整个欧洲。

综上所述，霸权主义的故事实际上是颠倒过来的。英国人在成为领袖时并没能发挥其领导作用。意识形态上的自由贸易者主张单边自由贸易，却未取得任何进展。一开始英国拒绝与法国签订理论上看来并不纯粹的自由贸易协定，但最终又接受了，而正是该协定进一步触发了整个欧洲大陆的关税削减浪潮。这种战略上的约定截然不同于自由贸易体制的概念。自由贸易体制是由领导人为了获取一个大贸易区的动态收益而组织起来的，该领导人愿意承担放弃某几项关税的垄断利益而带来的静态成本。正如我们所证实的（参见附录），英国的关税实际上仍旧很高，即使在短期内也不会因为转向更自由的贸易而蒙受损失。决定关税是否降低或取消，以及哪些关税应被降低或取消的，是出于其国内的考量，并不涉及任何领导力。

对该理论最大的考验出现在19世纪末。那个时候的英国确实拥有全欧洲最自由的贸易政策，也堪称发挥了领导作用。而当法国和德国在19世纪90年代选择开征新的进口关税而与自由贸易背道而驰时，这种举动严重损害甚至破坏了欧洲的自由贸易体制，但英国并没能改变他们的想法。作为一个所谓的霸主，英国并未在自由贸易开启后引导欧洲走向更自由的贸易，同时当它已成为主导国家时，也没能阻止其他核心国变节。[1]

1　秉承亚当·斯密学说的英国领导人无疑发挥了重要作用，但不应夸大那代人的声明的影响。政策的影响因素总是很多，其中大多数是无法观察或记录的。实际上一个对英国关税政策持怀疑态度的观察者可能辩称，总体的趋势与简单的关注整体福利的战略行为者模型相吻合。我们可以看到在19世纪早期英国作为工业化先驱，其市场力量处于巅峰时，英国的关税更高，这与一个真正的市场领导者可能会从一系列温和的关税中获得战略收益的想法一致。在19世纪后期法国和德国等竞争对手出现了，并有效地削弱了英国在现代工业品上的垄断地位，此时的英国选择开放更自由的贸易，因为其能从这种政策中获益。这种解释与经济理论并不矛盾。它之所以不常见，仅仅是因为我们通常所观察到的国家，往往选择实施的是那些在政治上可取但对整个国家而言有害的贸易政策（Nye，1991c）。

第八章　贸易与税收回顾:英国的财政例外主义与其经济成功有关联吗?

有人认为,18 世纪重商主义、国家本位的英格兰,在一夜之间就变成了 19 世纪自由主义开放市场的大不列颠,然而这种观点从来就并非全然可信。政治经济学中最常见的特征是渐进而非革命性的变革。政治历史学家往往高估思想的影响,却低估了较无形却更长期的经济学和政治学的力量。尽管如此,在国际或国内两个层面上,第一次世界大战前夕的英国无疑都是西方国家中经济最为开放的,那么我们应该如何看待英国从重商主义到自由主义的转变呢?

此前帕特里克·奥布莱恩所提出的某个有关英国商业政策的合理性及实际效力的论点,最近又重新流行起来。他将英国 18 世纪的财政扩张与国防支出联系在一起,而国防支出被视为英国经济发展的必要条件(O'Brien,2002,2006;Mokyr,2003,2005)。这种观点再次指向一个重要的学术辩论——重商主义思想中权力和财富之间的恰当关系,这场辩论的参与者中包括许多经济学大家,如伊·赫克谢尔(1935)、约瑟夫·熊彼特(1954)及雅各布·瓦伊纳(Jacob Viner,1948)。

为英国重商主义正名的种种尝试通常将以下几点作为其政策依据,企图对商业实施过度监管,或对贸易和商业进行不当干预:

(1)保护主义是有益的,因为它通过鼓励制造业而刺激了生产。

这是最容易被反驳的一项。如果说在工业化之前有哪些纺织品受到保护的话,首当其冲的就是羊毛制品,因为它们与来自欧洲大陆的产品竞争最为激烈。棉花是在18世纪保护和管制的夹缝中崛起的新兴产业和低端产品。当时没有谁会将棉花与最先进的产业转型及快速创新的旗手相挂钩。该行业得益于企业家的冒险精神和技术创新,以及对新兴行当的适度放任,这些行业的生产、组织方式及政治关系尚未建立,因此政府也没必要去保护。

当然,要说更广泛的农产品、酒精饮料或殖民地产品的关税和税收体系对促进英国工业发展起到很大作用,这证明起来就更困难了。真要说的话,那就是它使得啤酒酿造业和蒸馏酒业比没有上述税收时更有利可图。但很难看出这些举措如何促进了经济发展,我们很容易想象,由于将工人留在效率低下的行业中,这样的保护措施阻碍了必要的转型,而这种转型恰是标准的自由主义经济所要推动的。

(2)英国需要财政收入,关税和消费税则是达到目的的手段。

至此我们离真相更接了一点儿,或者说似乎接近了真相逼真的摹本。如果假设公共产品的提供是经济成功发展的必要前提,并且这一前提条件需要资金支持,那么我们的理论似乎有了更坚实的基础。然而目前尚不清楚的是,通过创造租金和提供保护筹措资金的方法是否是一项好政策,以及资金是否主要花在明显符合公众利益的项目上。

正如18世纪30年代的消费税叛乱或危机所表明的那样,一项旨在提高税收效率的政策遭到了断然拒绝,该政策设立了综合消费税来最终取代大量低效的关税以及原有的消费税政策。然而这种基于可靠的、不扭曲的公共财政方法的政策在18世纪却不一定可行,只有伴随着高昂的无谓损失且助长寻租的更复杂的政策才看似行得通。对于未来的学者来说,要证明收益大大超过显性成本仍然是项考验。

对(2)的一种较为复杂的变体非常受现代学者的青睐(O'Brien,2002),他们认为如果缺少某种重商主义政策,英国就无法最终实现自身的自由化。

(3)关税和消费税本身以及创造并维系它们的重商主义体系,是对当时世界的一个理性回应,而在那个世界中只有当英国能保卫其边界并保障其海上贸易,抑或能借助其盟友的支持和广泛的贸易体制的维护时,贸易和经济增长才是可能的。

对于任何为18世纪英国政策的合理性辩护的人来说,上述几条是最有说服力的论点。但即便如此(正如奥布莱恩在 2006 年欣然承认的那样),我们也很容易落入陷阱,以为任何已发生的都是最好的结果。声称实际政策是基于更广泛的社会力量是一回事,认为政策是不可避免的则是另一回事。而更强硬的论点则主张其不但是不可避免的,而且除此以外没有代价更低的替代方案。如果当时折中的方案没有应运而生,那么或许政府的必要职能,包括保卫国家和创建现代公务员制度,可能都无法实现。

如此就必须将官僚机构的兴起,以及所观察到的财政支出和税收的激增,视为政府治理必要的成本支出。你可以接受这个观点,但你仍需证明它。国防开支是否从根本上有利于保障英国的贸易安全,还是说(即便并非总体上)也仅是一种并不划算的权力运作?政府改革带来的好处是否超过了这种制度所带来的成本?抑或说一个充满自由主义意识形态,却又受制于现实世界纠葛的统治阶级,会不可避免地过分吹嘘英国自由化的程度?增加管制、沉重的税收、官员寻租以及限制贸易所导致的机会成本是否太大,以至于抵消了所带来的效用?或者是否有充分的理由证明这些政策组合不仅推动了英国的发展,且是在那个特定的时间和地点促进发展的唯一可行的政策组合?

英国政策积极的一面看似合理却仍未得到证实。要说有充足的证据支持英国的商业管制,那也未免言过其实。事实上,鉴于汉诺威王朝的扩张大幅提高了征税效率,宿命论观点的倡导者需要克服巨大的障碍,才能在事后证明高税收、零售和批发垄断以及贸易限制造成的扭曲也有其优点。

最后,对重商主义政策的最佳解释也是牵强的:庞大的、财政贪婪的官僚机构的建立并没有阻碍英国转型成为第一个现代工业经济体。但有待明确的是英国发展壮大是源于重商主义政策,还是仅仅受到重商主义政策的影响。或许我们永远也无法确定,另一套更自由、更有利于长期增长、更符合斯密理论的政策是否可行。但我们需要以正确的方式提出这个问题,如果我们想要理解西方实现现代经济增长的真正本质原因,就必须从更准确的前提假设出发。

首先我们要记住,亚当·斯密所批判的英国和法国的重商主义制度,并不是一种连贯的普适的意识形态。这通常是对既往政治经济体制的事后概括或规范化。

更准确的描述是 17 世纪末的英格兰(即后来的英国)在熬过了长达一个

世纪的革命和战争后，行政机构紊乱，政府分裂，又有着持续的财政需求以抵御竞争对手，同时资助帝国的海外扩张。17 世纪早期穷困潦倒的英格兰在 18 世纪建立起了一个中央集权的专业行政机构，并成功地抑制了空前的政府扩张。税或者说更重要的税收收入增加到了前所未有的高度，而与此同时经济保持了持续增长和繁荣。这使得英国在不破坏国内经济的情况下战胜了国外竞争对手。

这其中有很多原因。经济史学家最喜欢的一种解释是诺斯和温格斯特(1989)提出的观点的某种变体。在一个世纪里，英国一直努力探寻政府的合理限度，以及保护私有财产的好处等问题，其中一个关键事件就是光荣革命。威廉三世的上台及和解的达成，使得议会能够限制国王的专权，同时保留了自身的征税权力，这实际上给政府带来了一个既易于促进经济活动，又易于按政府需求课税的制度。此外，英格兰银行的建立为政府债务的制度化提供了正式市场，这将有助于降低借款的交易成本，也增加了政府融资的透明度。为在国内征税建立的中央集权的、专职的财政体系，取代了分散的、难以监督的包税制，这种包税制是 17 世纪早期的特征，而在当时的法国仍然司空见惯。

但这个版本的叙事并未明确指出上述变化必将给整体经济和社会持续造成高昂的代价。研究政治变革的学者们没有足够重视零售层面的腐败，而转向更为集中化的对议会的影响，而这种集中化的议会影响力，是伴随着税收征集权向新的职业公务员集中而来的。在整个 18 世纪早期，各种地方赞助和零售腐败的体系，被更高权力级别上的以权谋私和互惠互利所取代，尤其是在司法层面上。沃波尔政府特别擅长代表地主阶级的利益，他们限制了对财富和所得征税，同时开征消费税。然而征收消费税需要严格的市场准入，并加强对重点课税产品的监管。

贸易政策服从于政府运作和地缘政治的需要。政府想要惩罚它的敌人并奖励它的朋友。证据表明，英国的政策运行受制于 18 世纪早期存在的政治利益集团。大酿酒商在议会的影响力、与法国的对抗、工业在不断扩张的城市中心伦敦的兴起，掌握耕地却拒绝多纳税的贵族的统治，这些因素在政府实现财政目标的过程中都被考虑进来。

工业革命带来的经济变化使得英国在 18 世纪末和 19 世纪初开始将重心

从农业和土地转向制造业和工业,而这种变化也恰逢自由主义经济思想的兴起,这一思想通过强化商业倡导增长和发展的重要性。随之而来的政治压力要求更开放的贸易和更自由放任的经济。各种经济和哲学思想的转变扮演了重要且独立的角色(这并非维护庸俗经济学),但任何经济政策的转变都势必会遭遇两种反对力量,一种是既得利益团体,另一种是那些依赖于财政收入的新力量,而产生这一财政收入的制度曾在一个世纪前一直谨慎地平衡着经济与政治方面的利益团体。以前的关税主要是用来惩罚法国,奖励葡萄牙的,而后这些关税被整合进了一个只有获得大酿酒商的同意才能征收国内消费税的体系。而要赢得他们的合作就必须限制所有可能的替代品,特别是来自法国的廉价葡萄酒和白兰地。

这意味着改革由来已久的各种酒品税必然会妨碍追求自由化的利益群体或政策,这种改革比其他贸易管制涉及更多战略(外交关系)层面的问题,却没有获得如废除《谷物法》期间"廉价面包"运动那样的大众支持。同样值得注意的是,尽管自由主义经济理论不存在对特定行业的偏好——现代新古典主义理论的默认立场,但那时候大多数人确实倾向于认为制造业和工业比食品加工业更重要。他们把对葡萄酒、啤酒、烈酒、可可、茶、咖啡和糖的需求视为奢侈品,在经济增长的重要性上处于次要地位。但事实上对于整体经济增长而言,不存在哪一个部门比另一个部门明显重要得多。[1] 这些市场中的低效率和管制的成本,在整个 19 世纪中对英国经济和人民的福利产生了重要的影响。这一点往往被历史编纂者所忽视,他们往往聚焦在"领先部门"(如纺织业)上或是谷物生产这种大规模的传统经济。

戴维·斯塔萨瓦奇(David Stasavage,2003)在他关于 18 世纪财政权力和政治竞争的著作中提出了一个观点,与诺斯和温格斯特的论点形成有趣的补充。斯塔萨瓦奇认为,使财政成功成为可能的是监察与制衡的独特组合,而非

1　早前的经济史中一种广泛传播但并不准确的观点认为,工业革命与某些行业间存在显著的因果关系,因为它们恰巧是增长最快的行业。对上述观点的否决,或许是 1960—1985 这 25 年间关于工业革命的计量经济史研究中最重要的成果,也是两代研究最重要的分水岭之一。前一代的研究包括麦克洛斯基、戴维(David)、克拉夫茨(Crafts)、哈利(Harley)、莫基尔、冯·藤泽尔曼(von Tunzelmann),及其他 20 世纪 60 年代后的计量经济史学家的发现,后一代则指罗斯托(Rostow)和格申克龙(Gerschenkron)的发展理论,他们深信经济中先进技术部门的发展会带来骤变。

金融创新，从而扩展了诺斯和温格斯特的论点。他的核心观点是，根据一项对18世纪的统计分析，分裂的政府和议会中辉格党/托利党的平衡，可以解释政府不同时期税收征集的成功或失败。

然而，问题在于，斯塔萨瓦奇的模型是关于政府借贷或获取收入能力的相对变化，这些能力的上升或下降取决于环境。然而理解英国财政收入的重点不在于18世纪中政府职能的起伏波动。需要说明的是，从17世纪末开始总收入一次性单向上升，此后几乎不间断的长期增长，不同年份或者不同年代间的差异比之前小得多。他的模型并没有真正解释这种单向的转变。从这个意义上讲，余下的解释要么是诺斯和温格斯特的叙述(他们的想法实际上更接近渐进主义)，要么是布鲁尔关于新财政管理体制兴起的叙述。虽然这两者可以被看作互补的论点，但诺斯和温格斯特认为分权充分解释了18世纪中财政取得的成功。相较而言，布鲁尔似乎常把行政转型看作导致政府收入增长的关键技术变化。

但是，从技术和组织形式上看，认为新行政架构有效的主张都过于武断了。这些观点暗示英国应在更早的时候就建立起一个适当的中央税务机关。政府早期的问题并非源于是否有能力提高税率或开征新税[1]，而是鉴于17世纪国王所面对的税收执行上的失败，提高税率可能最多也只能小幅增加财政收入，或者最坏的情况下，将导致总收入的下降。因此，真正需要解释的问题不是英国如何设法改变课征的税率甚至对象，而是如何执行来获取比以往更多的税收。这种变化是在18世纪初才出现的，且政府是突然开始关注来自葡萄酒、啤酒、麦芽、啤酒花和糖的税收收入，而这些项目都与酒精饮料有关。但这种描述忽略了改革的根本政治性质。只有根本改变主要政治利益群体之间的关系——包括酒精饮料的生产商和进口商，政府获取财政收入的能力才有可能发生如此出人意料的巨大变化，否则我们将很可能看到政府与酿酒业(实际上主要是国内产业)的长期斗争，而该产业在17世纪已经具备了抵抗税收上升的能力，这同时也会给土地利益群体施加更大的压力，迫使他们接受对土

1　这一点是布拉迪克(Braddick，1996)对17世纪末英国财政系统改革的调查中的一个二级主题。当时税务机关不得不始终担忧人们如何看待并接受某种税收，以及提高税率实际上是否真的会产生预期的财政收入增长。

地和农业整体课征更高的税。回想一下查尔斯·达文南特(1695:46—47)的观察,由于税率的上升,1689—1693 年间啤酒和麦酒的消费税收入减少了,同时也促使生产转向私人酿造。在这种制度安排下,进一步提高税率不可能带来充足的税收收入,除非进行政治重组并转向大规模寡头垄断的组织结构。

18 世纪的英国人巧妙地化解了这种压力,并威胁要将影响蔓延到其他政治经济问题上,就像他们对欧洲的其他国家尤其是对法国所做的那样。当时在技术和制度变革下税收如何分配的问题,成为法国政府危机的核心,并最终导致法国大革命的爆发。土地税受到的约束到底有多大,目前仍是一个尚无答案的有趣问题。18 世纪的议会是否根本无法提高土地税和财产税,抑或将负担转移到关税和消费税上要容易得多,因而对土地税的限制显得更顽固而不可逾越?

到了 19 世纪,权力完成了从农业到新制造业和工业(如纺织、煤炭、钢铁等"高科技"行业)的转移,这也改变了农业和其他传统生产行业主导政治的能力。但是,财政体系依赖于保护主义关税与国内行业对消费税的顺从这两者间的妥协,其惰性将在各个层面拖累促进自由贸易的政治和意识形态运动。毫无疑问英国在 19 世纪开始的关税改革政策,首先主要是降低与其出口相竞争的产品的关税,在这些产品上英国一般具有比较优势,或是《谷物法》所涉及的,对纺织业和重工业工人"意义重大"的课税商品。相比之下,直到 1860 年《英法通商条约》后才降低进口食品和饮料的长期战略性关税。

当自由贸易主义者批判上述特殊政策时,约翰·布莱特(John Bright)为 1860 年《英法通商条约》辩护,他在给曼彻斯特商会主席的信中写道:"在这一事件中英格兰的所作所为,都是为了向整个世界展示,对关税中的某些遗留项,我们以实际行动执行过去曾大力宣扬的自由贸易原则,正如之前将这一原则应用到我们重要的产品项目上。"(Howe,1997:93)

毫无疑问,英国人自认为建立了一个自由贸易体制,而自由贸易理论家认为剩下的关税是微不足道的。相反,法国同意取消的某些产品的禁令,包括一些英国纺织品在内,却被认为具有重大的政治意义,代表法国实质上抛弃了贸易保护,尽管整个法国的贸易体制相当自由,且被施加禁令的物品并未构成贸易的主要部分。同样毋庸置疑的是自由贸易倡导者们认为废除《谷物法》后英格兰的商业政策是世界上最自由的(这一点在 19 世纪末最终实现)。而大量有关 19 世纪英国贸易政策史的研究恰恰证实了这些变革对英国政治的意义。

当时和后来研究贸易史的学者们一致认为,英国表面上转向自由贸易的举动是单方面且普世的,而这种看法容易误导人们以一项经济政策的政治或公众声望判断其重要性。人们被有关英国政策转型的广泛历史共识所淹没,以至于想要重新定义与之矛盾的证据(如明确地对含酒精与不含酒精饮料分别课税),认为其虽然与李嘉图纯粹的自由贸易的标准定义不一致,但在某种程度上符合更宽泛的“自由主义”政策的观点。

在此有必要谈谈方法论和经济学推理在其中所发挥的作用。自 20 世纪 60 年代初以来,在使用经济理论和统计学厘清那些仅靠文本证据无法解决的重要论争方面,经济史学家被证明是最成功的。政治经济学就其核心而言是一门技术学科,需要一定的技术分析,而经济现象在很大程度上是可以被量化和测算的。此外,鉴于市场竞争的属性,对于特定经济现象的性质而言,当时的人实际上并非最可靠的见证者。有意识、有目的性的行动是社会科学的一个必要成分,但是清醒地、准确地认识和理解人的行为,却并不是经济正常运转的先决条件。因此,历史学家的常规工具往往不足以描述经济随时间和空间的变化,更不用说分析了。这里有一群人反对价格上涨,或者那里的政府希望开放贸易,都并不足以证明发生的事情与他们的愿望,甚至与他们对事件的看法有任何关系。旨在达成某个目标的政策往往事与愿违。人们对直接影响他们的事件了如指掌,但这并不意味着人们同样理解影响他们的宏观经济和政治现象。现实中往往正好相反。由于缺乏良好的理论和细致的测算,当时的见证者们对他们那个时代经济状况的观察,并不及有效利用可追溯的研究工具的现代学者们。

我们的研究非常重要的价值就在于验证标准的经济学眼光是正确的,即英国是否是个自由贸易国家,这一首要问题可以依靠统计测算解答。但如果没有将其与深入的政策辩论,以及现代对历史上势力动态演变的正确理解联系在一起,那么单纯记录人们对贸易的态度转变就毫无意义。

在历史文献中有一个讨论颇为有趣,它既关注对英国政府行政的叙述,也关注占主导地位的政治行为者的意识形态,这种辩论怀疑是否真的存在过一个自由放任的19世纪(Paul,1980)。有意思的是大多数人都指出,由于政府干预在各个方向上延伸,19世纪后期的英国大幅偏离了自由放任。国内经济干预的增强,与贸易壁垒在整个世纪中的显著下降遥相呼应。因此政府对国内经济重新施加乃至增强的干预,在一定程度上抵消了其对异常开放的国际贸易的包容态度。

也许最具洞察力的观点来自H.斯科特·戈登(H. Scott Gordon,1971)。戈登将支持自由贸易和信奉自由放任两者区分开来。在他看来,前者是司空见惯的,而后者从来就不是政府的重要哲学理念。可以明确的是,主要政客们的意识形态并不一致,而现实中的立法在很大程度上主要是由具体案例的考量所推动的。即使如此,怎样如实刻画英国的政策,而不是简单地描述各种知识分子的立场,也并非细数立法的数量或特定声明的频率那么简单。最后我们应该清楚的是,只有对各种关税的相对影响进行定量估算,才能准确地刻画经济政策的真实状况。出于相似的原因,如果没有系统地衡量各种干预措施对国内生产的影响,就不足以提出真正令人信服的论述,来说明国内的变革究竟只是略微还是大幅抵消了对外贸易壁垒的减少。而戴维·罗伯茨(David Roberts,1960)等研究人员所列出的于世纪中叶建立的各种委员会,是否名符其实地对经济政策做出了实质性的改变,就更无从判断了。

与此同时存在另一种强有力的说法,表明在理解随时间变化的经济和政治现象时,经济学和计量史学研究也具有局限性。现在没有,将来或许也不会有精确的动态经济模型,支持我们准确地预测甚至分析经济现象。经济学中并不存在真正等价于物理科学中的运动方程的模型,而大多数文献中的动态模型都只是定性的象征,而非精确的经济工程。本历史案例研究中最有意思的特征(如果有的话),可能也仅在于建立了专门的模型,且更有可能的后果是这种精确的错误会产生误导。英国政府形态的重要变化及对英法关系的影响、消费和生产模式的转变、对政府收入的影响、行政机构的扩张,这些因素都完全不可预见,或者说,当时的人充其量也只能从光荣革命后英国和法国之间的斗争,以及18世纪早期路易十四的最后统治中瞥见一隅。

一方面,广泛的技术、经济和人口力量塑造了政治经济的轮廓。其中包括酿酒业技术的变化以及伦敦人口的增长。国民收入构成的变化(尤其是工业和农业之间的组合)起到了重要作用,特别是纺织业和重工业地位的提升,而廉价的谷物和原材料对19世纪的自由贸易起到了重要推动。英法之间长达一个半世纪的冲突,其核心是长期的战略考量,而这也构成了两国外交和商业政策的永久框架。

另一方面,特定的历史事件是关键的偶发意外。特别值得关注的事件有1689—1713年的战争、《艾登条约》签订的糟糕时机(在1789年法国大革命前的1786年),以及随后的拿破仑战争(导致正常贸易再次中断长达25年直到1815年)。最后,在极其特定且独有的环境下,由经济上奉行自由主义的皇帝领导的相对专制的法国,在1860年与英国签署了一项重要的贸易条约,而这一条约却是前几届政府都未能达成的。

将历史和经济学结合起来对政治进行分析,由此创造的叙事不仅比从单独领域衍生出来的更加丰富,且还为关键政治决策的意义提供了更为严格的评价标准,这些决策事后看来可能都显得很重要且独一无二,但在长期中却并不必然具有如此重要的地位。然而还有一系列关于政府角色的新问题有待解答。其中最重要的是如何衡量和估算18世纪财政扩张对英国经济所产生的真实影响。

附录　英国和法国的关税对其国民收入的影响模型[1]

本附录对19世纪中期英国和法国关税的福利效应进行了详细的统计分析，我们的结果足以充分说明一个事实，即现实中英国的贸易政策并不如法国开放。正如本书正文所述，出于种种原因简单地对比平均关税水平可能会引发误解。虽然前文已经考虑到了这些问题，但仍有必要看一下一个更复杂、更严密的分析将会如何加深我们对这一事实的理解。非经济学家们可能会惊讶地发现，尽管有各种各样的指标可以表示国家X比国家Y更自由，或A政权的政策比B政权的更符合贸易保护主义，但并不存在普适的衡量贸易自由主义的标准。关于贸易自由的比较大多数是基于非常粗略的测算，或者极少考虑到贸易扭曲。除了要确定这一时期的英国是否是自由贸易国以外，本书也提供了比较各国之间贸易自由主义的一种更加可行的方法，尽管在这方面它也并不能被当作一种普适的标准。

本节的研究受到詹姆斯·安德森和J.彼得·尼瑞(James Anderson and J. Peter Neary,1996)的启发。这两位作者首先提出了一种贸易自由主义的衡量标准，即以怎样的统一税率对所有进口商品征税，才能对该国产生与现行的关税和进口份额组合同等水平的福利效应。虽然他们声称这种标准具有一定的普遍性，但该方法并不完美。它高度依赖于一系列的假设，而凯文·奥罗克(Kevin O'Rourke,1997)在使用安德森/尼瑞方法的一个变体来解决奈

1　这一部分是基于达赫利亚和奈(Dakhlia and Nye,2004)。

(1991b)所提出的问题时就指出了这一点。

此外在处理19世纪英国的问题时还有一个特殊的地方。英国作为国际贸易的主导者,如果将其视为完全竞争的、没有市场力量的国家测算,我们就很可能会受到误导。这将使得计算本身及其解释都变得非常复杂。

本附录将清楚地表明,达赫利亚和奈(2004)的研究(本附录的来源),是第一篇在贸易管制模型的背景下明确研究英国市场势力的文章。依照这种模型是不可能得出一个独一无二的关税税率,足以满足安德森/尼瑞所提出的约束条件。鉴于这一困难,我们选择调整他们的做法,直接将注意力集中在关税制度本身的福利影响上。简言之,我们要问的是,假使所有贸易壁垒都被消除,那么19世纪中期法国和英国的福利能得到多大改善。按照我们的推测,改善的收益越大,表示实际存在的贸易壁垒所施加的扭曲就越大。

假使一个国家在世界贸易中没有市场力量,任何关税都会降低其福利。但当某国具有一定垄断权力时,它实际上就有可能从提高关税中获益,那么情况就变得复杂起来。这在贸易文献中被称为最优关税的选择问题。如果英国确实拥有正的最优关税,并且其关税处于或低于这个最优水平,则将关税降为零实际上会降低英国的福利。我们模型中的创新之一,就是赋予英国相较于法国更大的市场势力,从而减少关税有害的可能。然而,尽管这种倾向有利于英国,但(与法国相比)现实体制的高福利成本,表明英国如此之高的关税显然不是最优的。因此,将关税降至零能使英国比法国获得更多的收益。在我们看来,这是一个相当好的迹象,表明英国的贸易体制不是很自由,尤其是与它那被认为更不自由的对手相比。

早前将英国视作世界自由贸易领导者的研究已经注意到,这似乎与其作为贸易主导者的立场相矛盾。作为世界贸易的领导者,英国很可能拥有巨大的市场力量,如果是这样,通过维持正的最优关税,英国在短期内就能获得更多利益。大约25年前麦克洛斯基(1980)发表了一篇著名的文章,首次提出了这个问题。麦克洛斯基使用纯假设的弹性系数并以其推算最重要的变量值,从而得出结论称如果英国的最优关税为正,那么英国确实为向自由贸易靠拢付出了代价。然而从静态角度来看这种代价很小,且无论福利损失如何,都无疑会被转向更自由贸易所带来的动态收益所抵消。在麦克洛斯基的研究大约十年后,欧文(1988)用一个简单的模型提出了几乎相同的观点,该模型试图衡量与英国削减贸易相关的福利变化。他还得出结论说,在迈向自由贸易的进程中,英国逐渐偏离了最优关税,根据静态计算英国因此遭受了效用损失。他承认他的计算似乎"证实了这样一个判断,即英国贸易变革的不利方面将超过其从关税削减中所获得的效率增加"。但欧文也重申了麦克洛斯基的主张,认为这些都是静态的计算而忽略了自由贸易的动态影响,特别是忽略了英国关税的降低在激励其他国家走向自由贸易上所发挥的示范效应。

这些论点所依据的计算方法面临上述重大的困境。通过观察严格的可计算一般均衡(Computable General Equilibrium, CGE)模型中英国和法国放弃所有关税将获得的收益,我们可以确定这些关税的约束力有多大,以及它们对两国各自的贸易模式产生了多大程度的扭曲。上述研究发现英国的福利损失巨大,这足以清楚地表明,无论是从自由贸易的理想,还是从符合经济效率的贸易盈余最大化理想来看,哪国的商业制度偏离得更远。如果比较英国与法国的福利损失,上述论点会更加明显,因为与之前的估计不同,我们在一个考察正的最优关税的模型中系统地考虑了英国的市场力量。

贸易保护的度量

传统关税指标通常集中在三种度量维度上:(1)每一类商品的名义关税水平,(2)衡量平均关税比重,定义为总税收收入除以进口总额(及各种基于该想法的修正),(3)以商品生产过程中所使用的进口产品的关税纠正名义关税水平,从而逐项衡量贸易保护的效果。上述三种方法都存在各种各样的理论和实证问题。第一种度量方法忽略了某种商品在总体贸易中的相对地位;第二种办法在不同贸易的权重方面有严重问题,因为接近禁止性的关税可能并不会增加税收收入;第三种方法在被用于建立总体指数时存在问题,因为对有效保护的度量忽视了关税管制给消费者带来的成本。

关于建立一个更普适的关税度量标准,最近引用最广泛的方法是贸易限制指数(Trade Restrictiveness Index, TRI)。该指数由安德森和尼瑞(1994)首先提出,并被奥罗克(1997)在其著作中采用,以讨论19世纪的法国,而非英国，是否是更自由的贸易国。贸易限制指数在可计算一般均衡框架内计算，也是比较贸易自由主义时第一个理论上可靠的指数。与之前的方法不同，贸易限制指数直接由一个经济目标（即福利最大化）衍生而来。

通过在一般均衡中确立关税和贸易框架模型，奥罗克量化并借此厘清了存有争议的术语。他证明研究结果取决于函数形式和对偏好和技术的校正；他特别指出，啤酒和进口酒精饮料之间的可替代性对英国关税的福利效应产生了显著影响。因此，问题不再是啤酒和葡萄酒是否是替代品（以及关税指数中是否应该包括葡萄酒的关税），而是当这两种酒之间的替代弹性在怎样的范围内时，法国实际上会是较为自由的贸易国。

不幸的是，假使按照安德森/尼瑞和奥罗克的方法计算一个国家的贸易限制指数，则必须忽略市场力量的问题，并假设英国是一个小国，其抉择对世界贸易没有影响。如附录所示，一个大国的贸易限制指数要么是模棱两可的，要么根本无法界定（Dakhlia and Temimi，forthcoming）。然而当我们研究一个在国际贸易中影响重大的国家是如何从正向的关税及随后的关税削减中获益时，小国假设显然是不理想的，因此我们必须放弃基于贸易限制指数的测算方法。但是，在这样做的时候我们必须小心，不要把好的坏的一起丢掉。为了创建适当的方式比较法国和英国的贸易，我们保留了可计算一般均衡框架，因为它提供了一个异常丰富的背景来阐释我们稀疏的数据。虽然我们无法得出一个指数，但该框架仍可追踪保护主义的福利效应。具体来说，我们追踪了逐步将关税削减至零的反事实将给国家带来的福利效应。这足以达到我们的研究目标：英国的关税是高于还是低于静态福利最大化所要求的关税水平。

模型背景

我们遵循了安德森/尼瑞和奥罗克的方法，在一般均衡框架中建立经济模型。一般均衡框架是一套特别适合对贸易进行静态比较分析的工具。它对于研究政策变化的静态影响及其对贸易流动、商品的分配和消费者福利效应的影响也卓有成效，因为不同市场之间的相互依赖是度量的核心。例如，对葡萄酒征收关税，将同时影响葡萄酒和啤酒以及其他商品的需求。用部分均衡的方法捕捉关税复杂的影响只能是管中窥豹。一个模型应该足够丰富以免受到R. W. 福格尔(R. W. Fogel,1967)的批判,并留下空间让数据发挥作用。当然一个丰富而灵活的模型也有缺点,它可能太过复杂,无法得出简单的、封闭形式的计算结果和可比较的静态数据。因此,我们需要一个计算方法。此外,可计算一般均衡方法的美妙之处在于,它直接关注具有代表性的消费者的福利或效用,从而避免了部分均衡福利分析中典型的令人尴尬的近似计算。

与安德森/尼瑞一样,我们假设 i 地区有一个具有代表性的消费者,他对各种进口产品以及一揽子非贸易的国内产品进行评价。产品的种类服从于可得的记录,因为进出口的数据记录十分丰富,而非贸易商品的资料却很稀缺。i 地区的消费者拥有非贸易投入,并获得所有关税收入。此外,他消费了自己生产的全部非贸易商品,而任何可供出口的商品都没有在国内消费。在奥罗克的模型中,两级嵌套的常替代弹性(Constant Elasticity of Substitution, CES)效用函数,允许我们对产品组合内部之间,以及不同产品组合间赋予不同的替代弹性。嵌套 CES 的可塑性在真实性和计算便利性之间提供的折中对我们很有吸引力。在第一个效用层级上类似的消费品被归结到一起。例如可以认为葡萄酒和白兰地互为近似的替代品,因而归属到同一个产品束,统称酒类。然后在第二个效用层面上将上述不同产品束组合起来,例如酒类和纺织品。假设英国和法国的偏好结构如图 A. 1 和 A. 2 所示。

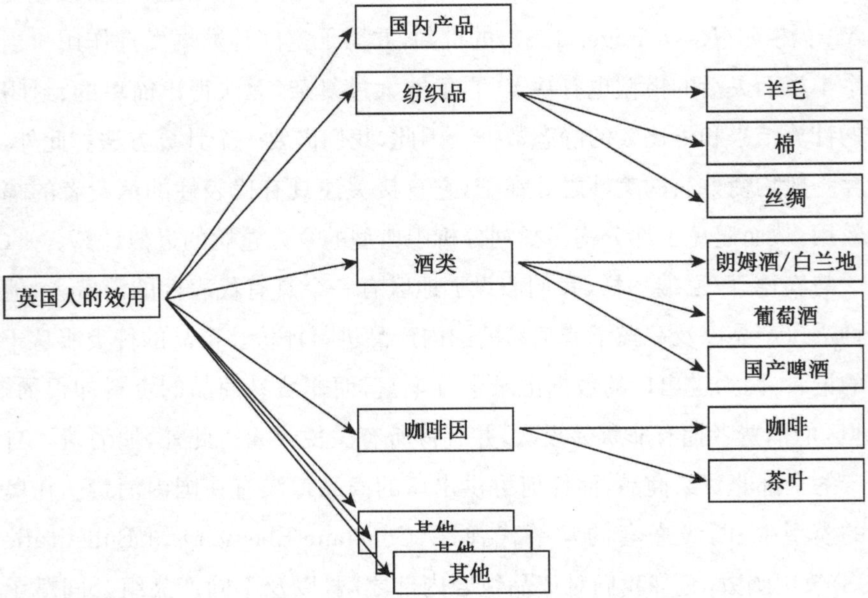

图 A.1　英国的二级效用函数

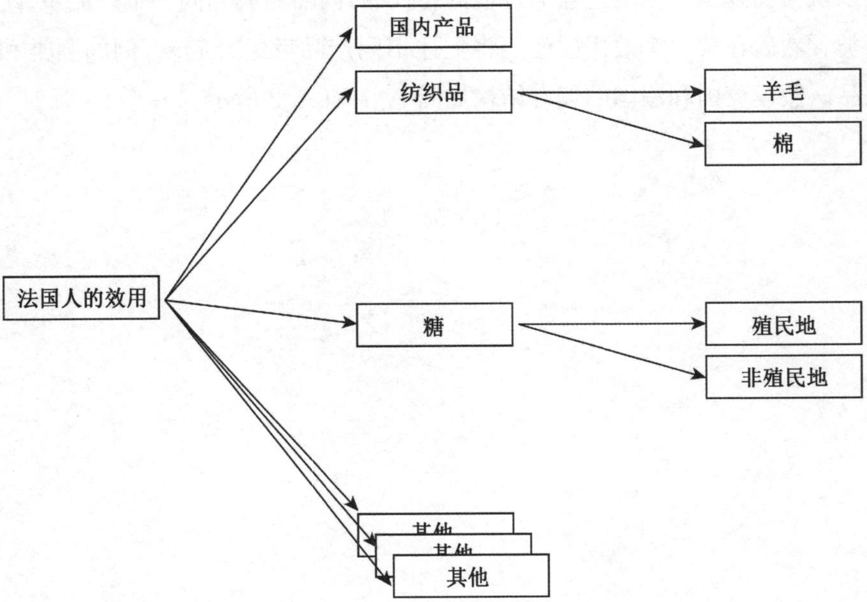

图 A.2　法国的二级效用函数

我们的模型与安德森/尼瑞和奥罗克的模型在两方面存在根本不同。首先，我们模型中的世界经济是由英国、法国和“世界其他地区”三个有限的地区组成的，而不是由一个单一的接受定价的国家面对无限大的“世界其他地区”。虽然这样做迫使我们放弃用贸易限制指数作为一种便捷的衡量贸易保护的指标，但因此也放松了最优关税为零的假设，从而接纳了麦克洛斯基和欧文所提出的市场势力因素。其次，除了进口的中间产品和流动的非贸易投入以外，我们还将资本作为第三类投入，并假设它限定于特定部门。这是一个合理的假设，因为啤酒厂不可能变成钢铁厂。我们的特定要素模型(Jones，1971；Samuelson，1971)与通常从基本的李嘉图理论派生出来的单一要素模型形成了对比。降低关税能够增加某些部门的资本收入，但其代价是损害其他部门的收入。此外，劳动力的回报也在下降。我们将进口的投入品、资本和劳动纳入嵌套的 CES 生产函数。在利润最大化下得到供给产出函数和投入需求函数。

从《商业十年表》中我们得知法国向英国出口了什么，又从英国进口了什么。它还向我们提供了法国的进口关税信息。麦克洛斯基(1980)提供了英国和法国的进口总额和关税。通过计算这两组数据之间的差额，我们得出了英国和法国与“世界其他国家”的进出口数据。表 A. 1 和表 A. 2 分别显示了 1841 年和 1854 年法国和英国最重要的贸易商品的进口额和关税税率。另外需要注意的是，到 19 世纪中期英国对大多数国家一视同仁地征收关税，而对葡萄牙产葡萄酒的优待也到此终结。

表 A. 1　　1841 年的进出口数据

英国的进口	自法国(百万)	自世界其他地区(百万)	关税	法国的进口	自英国(百万)	自世界其他地区(百万)	关税
毛织物	6.95			毛织物	0.465	0.285	50.0%
棉织物	2.70	270.50		棉织物	19.470		50.0%
咖啡		45.32	96.0%	咖啡		26.300	100.8%
糖		318.50	67.0%	外国产糖		10.000	155.4%
谷物	7.91	204.90	6.5%	殖民地产糖		83.900	71.9%
酒	11.59						
朗姆酒/白兰地	19.28	69.15	113.9%	油脂		5.200	

续表

英国的进口	自法国（百万）	自世界其他地区（百万）	关税	法国的进口	自英国（百万）	自世界其他地区（百万）	关税
珠宝	0.56	69.39	206.6%	丝	7.790	52.210	
皮毛制品	4.58			羊毛	2.00	44.040	22.1%
蛋类	4.89			原棉	1.620	106.700	12.1%
丝织物	28.64			煤	6.440	20.400	16.5%
烟草		94.80		皮革/宠物	1.697	25.620	2.2%
茶叶		186.30	843.3%	亚麻/亚麻布	27.900		
木材		115.70	114.1%	橄榄油	2.790	34.770	3.3%
其他——法国产品	34.35	842.20	14.0%	木材		39.200	
其他——其他地区产品			15.2%	铜/铁	14.900	0.910	
				牲畜		10.600	21.8%
				其他——英国产品	7.740		76.9%
				其他——其他地区产品		397.300	13.5%

资料来源：法国海关总署（France，Direction Générale des Douanes，1870）；麦克洛斯基（1990）；奈（1991b）。

表 A.2　　1854 年的进出口数据

英国的进口	自法国（百万）	自世界其他地区（百万）	关税	法国的进口	自英国（百万）	自世界其他地区（百万）	关税
咖啡		22.18	52.8%	丝	44.46	77.85	0.0%
糖		213.8	52.5%	羊毛	16.78	35.72	17.9%
木材		131.5	4.8%	原棉	0.66	99.14	14.3%
烟草		24.95	479.0%	木材		57.2	0.0%
茶叶		100	119.5%	煤	8.85	56.65	10.2%
朗姆酒/白兰地	8.94	24.26	201.8%	皮革/宠物	1.98	36.12	1.6%
谷物	0.54	546.9	1.9%	牲畜		21.1	3.8%
棉织物	9.92	437.6	0.0%	咖啡		23.3	78.5%

续表

英国的进口	自法国（百万）	自世界其他地区（百万）	关税	法国的进口	自英国（百万）	自世界其他地区（百万）	关税
葡萄酒	8.88	47.37	84.9%	亚麻/亚麻布	1.61	21.09	0.0%
丝织物	103.3			橄榄油	1.85	15.95	14.06%
毛织物	33.45			毛织物	0.14	0.56	50.0%
皮革制品	14.59			棉织物	0.0018	0.7982	50.0%
其他	90.7	1 531	8.1%	外国产糖		16.6	107.2%
				殖民地产糖		48.7	62.2%
				食用油脂		6.2	0.0%
				其他	56.556	427.14	8.0%

资料来源：法国海关总署(1870)；麦克洛斯基(1990)；奈(1991b)。

鉴于数据的不完善和不完整，我们需要平衡这三个地区之间的贸易。为达到这一目的，我们通过引入了一项在法国或英国（或如有必要，在两国）生产的人造商品，该产品将出口到“世界其他地方”。由于缺乏有关国内生产和消费的数据，我们只能假设每个地区都生产一种通用的非出口商品以供国内消费。假设一个地区在这种通用国内商品上的支出等于国内生产总值加上中间产品进口（包含关税收入）再减去出口。最后，我们假设世界其他地区以一定比例生产和消费与英国和法国相同的商品。在对基准线的校准中，我们假设英国和法国占据世界经济的一半，特意令其市场势力向上偏倚。[1]

实证研究常假定最终需求是有弹性的，而中间需求是无弹性的。例如，詹姆斯·安德森(1995)的度量中设定投入品束之间的替代弹性为0.7，而消费产品束之间的替代弹性为2.0。我们的模型使用了与此相同的系数假设。就产品束内部的替代弹性而言，我们通常在纺织品之间选择3.0，在茶与咖啡间选择5.0，在各种酒类之间选择5.0，在外国产糖和殖民地产糖之间选择8.0。在我们看来这些假设是合理的，即便如此我们也额外使用了大量备选的弹性

1　以1854年为例，英国从法国进口了价值888万法郎的葡萄酒，从世界其他地区进口了价值4 737万法郎的葡萄酒。在我们的标准校正中，假设世界其他国家也从法国进口了价值888万法郎的葡萄酒，并额外生产了4 737万法郎的葡萄酒供自己消费。市场份额的其他情况将在敏感性分析部分探讨。

假设进行了模拟，例如在投入产品束中假设弹性在 0.1～2.0，而在最终消费品中假设弹性在 0.5～4.0。我们发现，在弹性范围较大的备选系数下，计算结果仍相当稳健。

最后要告诫的是，尽管我们的模拟是定量的，或者更确切地说是数值性质的，但我们认为其定性含义同样值得被重点关注和诠释。曲线的形状及其相对于其他曲线的位置比它们的绝对数值更为重要。

贸易保护的建模：贸易限制指数与大国问题

贸易限制指数是基于统一关税当量（Uniform Tariff Equivalent，UTE）的概念，如图 A.3 所示。

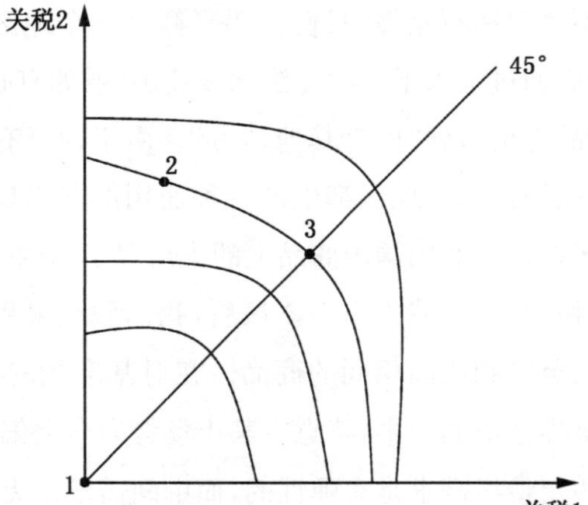

图 A.3　小国中贸易限制指数的存在性和唯一性

图 A.3 展示了一个国家，或者更确切地说，其代表消费者的福利水平曲线与两种商品关税的关系。点 1 表示小国的最优关税是在出发点。如果历史上的关税结构以点 2 表示，而 45 度线上的点 3 则代表与历史关税产生相同的福利损失的统一关税。

然而一旦我们放弃小国的假设就会出现问题，直观体现在图 A.4 中。

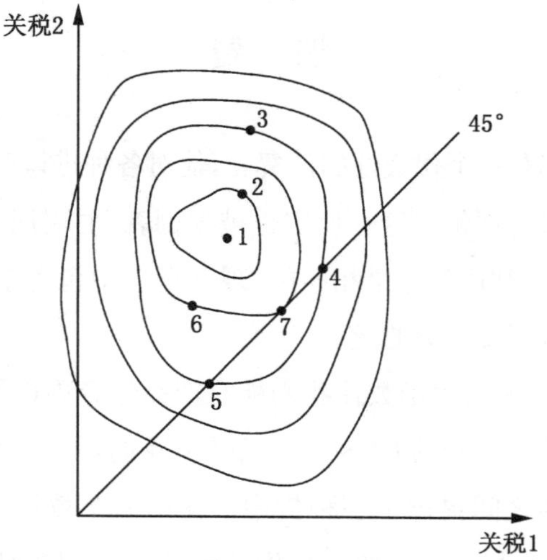

图 A.4　统一关税当量的不存在性或不唯一性

对于一个较大的国家，假设点 1 表示最优关税向量，其位于正象限的内部，且等福利曲线以最优点为中心。我们现在可以设想三种情况：(1)实际关税如点 2 所示，其福利曲线不与 45°线相交，因此统一关税当量无法确定；(2)实际关税如点 3 所示，其福利曲线与 45°线在点 4 和点 5 两次相交，导致没有唯一确定的统一关税当量而模棱两可；(3)实际关税如点 3 所示，而统一关税当量如点 7 所示。然而最后一种情况似乎并非普适的。

正式的模型

世界经济由三个地区组成：英国、法国和世界其他地区。我们用 $s, t \in S$ 指代参与经济活动的部门，$S=\{1,2,\ldots,S\}$表示所有产业的集合。地区用 i，j 表示，$i, j \in W$，$W = \{Br, Fr, RW\}$。为了追踪贸易流动，我们按照通常的做法，用前两个字母分别指代提供产品的地区和行业，而后两个字母则指代作为产品用户的地区和行业。生产使用三种形式的投入：固定资本、流动的劳动力以及进口的中间投入产品。产出则由非贸易产品和出口产品组成。所有可供出口的产品都不会在国内被消费。消费者被赋予劳动力，一种非贸易投入，并获得所有利润和关税收入。他们消费了进口的最终商品和他们的非贸易产品。

消 费

每个地区 i 都有一个代表性的消费者，他对各种进口产品以及通用的、非贸易的国内产品进行评价。这一设定也被安德森/尼瑞用于计算贸易限制指数，这种设定也与可利用的记录相匹配，现有记录中包含丰富的进出口数据，但非贸易商品的数据却十分匮乏。

二级嵌套的CES效用函数让我们能在产品组合内以及产品组合之间指定不同的替代弹性。嵌套的CES之所以吸引我们，是因为其可塑性，它在真实性和计算便利性之间提供了一种折中。在第一个效用层级上一组消费品 c_{jsi} 被组合在一起成为 c_{ki}。例如，葡萄酒和白兰地可以被认为互为替代品，它们属于同一个通常被称为酒类的产品组合。正式起见我们将把集合 S 划分成束或"巢"S_k，$k \in K = \{1, 2, ..., K\}$，$K \leqslant S$。第二个效用层级决定了消费集合 c_{ki} 的最优构成，如酒和纺织品。正式的消费者的偏好如下：

$$C_i = \left(\sum_{k \in K} \rho_{ki} c_{ki}^{\frac{\sigma_i - 1}{\sigma_i}}\right)^{\frac{\sigma_i}{\sigma_i - 1}}$$

其中

$$c_{ki} = \left(\sum_{s \in S_k} \sum_{j \in W} \delta_{jsi} c_{jsi}^{\frac{\sigma_k - 1}{\sigma_k}}\right)^{\frac{\sigma_k}{\sigma_k - 1}}$$

而 δ_{jsi} 和 ρ_{ki} 则代表了基准支出份额。

消费者依据 c_{jsi} 最大化 C_i，且受约束于

$$p_{ci} C_i \geqslant \sum_{j \in W} \sum_{s \in S} (1 + \tau_{jsi}) p_{jsi} c_{jsi}$$

其中 τ_{jsi} 是关税税率，p_{jsi} 是价格，σ_i 和 σ_k 是替代弹性。

表 A.3　　需求价格弹性

替代弹性	支出份额							
	0%	5%	10%	20%	40%	60%	80%	100%
0	0.00	−0.05	−0.10	−0.20	−0.40	−0.60	−0.80	−1.00
−0.1	−0.10	−0.15	−0.19	−0.28	−0.46	−0.64	−0.82	−1.00

续表

替代弹性	支出份额							
	0%	5%	10%	20%	40%	60%	80%	100%
−0.5	−0.50	−0.53	−0.55	−0.60	−0.70	−0.80	−0.90	−1.00
−1	−1.00	−1.00	−1.00	−1.00	−1.00	−1.00	−1.00	−1.00
−1.5	−1.50	−1.48	−1.45	−1.40	−1.30	−1.20	−1.10	−1.00
−2	−2.00	−1.95	−1.90	−1.80	−1.60	−1.40	−1.20	−1.00
−5	−5.00	−4.80	−4.60	−4.20	−3.40	−2.60	−1.80	−1.00
−10	−10.00	−9.55	−9.10	−8.20	−6.40	−4.60	−2.80	−1.00

生　产

地区 i 的 s 部门的代表性公司拥有固定的部门特有的资本 K_{is}，假定劳动力完全自由流动，因此劳动力回报是递减的。所有进口的物质投入，连同资本和劳动一起进入一个嵌套的 CES 生产函数，并遵循与消费者效用函数相同的原则。产出供给和投入需求是利润最大化的结果。

$$\Pi_{is} = p_{is}Q_{is} - \sum_{j\in W}\sum_{t\in S}(1+\tau_{jti})p_{jti}x_{jtis} - w_iL_{is}$$

约束于

$$\Pi_{is} \geqslant 0,$$

$$Q_{is} = (\alpha_{Kis}\overline{K}_{is}^{\frac{\sigma_{is}-1}{\sigma_{ix}}} + \alpha_{Lis}L_{is}^{\frac{\sigma_{ix}-1}{\sigma_{ix}}} + \sum_{k\in K}\alpha_{Kis}x_{kis}^{\frac{\sigma_{ix}-1}{\sigma_{ix}}})^{\frac{\sigma_{ix}}{\sigma_{ix}-1}}$$

其中

$$x_{kis} = (\sum_{t\in S_k}\sum_{j\in W}\beta_{jtis}x_{jtis}^{\frac{\sigma_k-1}{\sigma_k}})^{\frac{\sigma_k}{\sigma_k-1}}$$

结果：整体图景

在大范围的替代校验中，英国单方面降低所有关税的模拟计算显示，英国福利获得大幅的净增长，这表明英国的关税水平远远高于符合最优关税政策的水平。[1] 就基准情况而言，我们发现 1841 年英国的关税大约是最优关税的 3 倍，而取消所有关税后英国的静态福利损失约为 1.4%。另外，尽管 1854 年英国实际关税大幅降低，其规模仍接近最优关税的两倍，即便我们对市场势力做了夸大的假设。但是英国的静态福利损失降到了国民收入的 0.13%，几乎可以忽略不计。[2] 因此，尽管英国确实降低了关税，从而显著减少了相关的福利损失，但这些关税仍然过高，与自由、不受约束的贸易政策并不相符。实际上的关税水平仍然超过了最优关税政策所要求的水平。

相比之下，法国关税导致的静态福利损失要小得多，在 1841 年仅不到收入的 1%。法国的关税税率大约是最优关税的 10 倍，这在一定程度上反映出法国的市场力量较小。1854 年法国的关税下降使得福利损失仅为微不足道的 0.06%，尽管如此关税仍然是最优关税的两倍左右。我们注意到，鉴于法国贸易中被征税的份额相对较小，在使用棉花和毛纺织品的关税当量后，法国的结果依旧非常稳健。

表 A.4 和图 A.5 描绘了福利、代表性消费者的效用与初始关税向量的百分比的关系，以总结上述发现。我们最好是从右到左来阅读。从 100%开始，这是历史关税向量的最高水平，然后观察逐步降低到 0 的过程中福利的改变。

1　必须指出的是，我们的注意力仅限于等比例降低历史关税向量。我们计算出的“最优关税”并不是全局的，而是局限于将零关税与历史关税联系起来的片段。因此我们可能低估了贸易保护相关的福利损失。

2　克鲁格曼和奥布斯特菲尔德(Krugman and Obstfeld，1997)用现代案例比较，他们的报告声称，巴西贸易保护的福利成本为 9.5%，土耳其为 5.4%，菲律宾为 5.2%，而美国为 0.26%。

表 A.4　　基准情况：反事实地将一国的历史关税水平单方面地从 100%降至 0%，对该国自身福利的影响（以百分比计）

	英国1841年	英国1854年	法国1841年	法国1854年
100	0.000	0.000	0.000	0.000
95	0.136	0.024	0.042	0.007
90	0.267	0.047	0.089	0.015
85	0.398	0.068	0.140	0.022
80	0.526	0.087	0.191	0.027
75	0.651	0.102	0.243	0.034
70	0.774	0.117	0.303	0.041
65	0.888	0.125	0.359	0.046
60	0.996	0.131	0.425	0.054
55	1.097	0.131	0.485	0.058
50	1.186	0.125	0.550	0.061
45	1.261	0.110	0.620	0.063
40	1.319	0.090	0.686	0.063
35	1.355	0.058	0.756	0.061
30	1.364	0.013	0.816	0.056
25	1.336	–0.046	0.872	0.046
20	1.255	–0.126	0.919	0.032
15	1.097	–0.230	0.947	0.010
10	0.813	–0.367	0.952	–0.019
5	0.306	–0.550	0.919	–0.056
0	–0.715	–0.806	0.840	–0.107

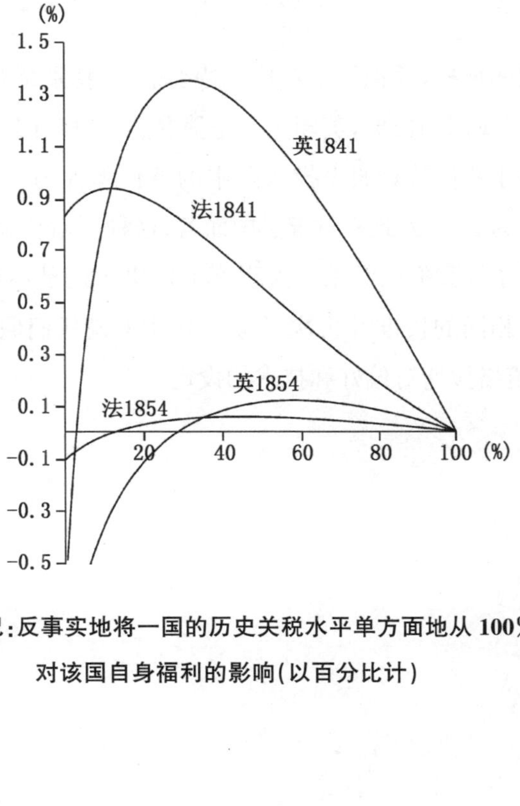

图 A.5　基准情况：反事实地将一国的历史关税水平单方面地从 100%降至 0%，对该国自身福利的影响（以百分比计）

尽管国家的大小不同，但熟悉奥罗克令人诧异的高统一关税当量的读者可能会想知道，基于类似数据为何我们得出的福利效应相对较小。我们推测原因在于英国的关税差异很大。除了对少数重要的进口产品征收高关税之外，关税的高度歧视性特点还对英国的贸易产生了扭曲，这种扭曲效应超出了单独的高关税所能达到的程度。因此，任何旨在模拟这种关税格局的福利效应的统一税率都必须同时反映关税本身的影响，以及由于关税征收不公而造成的福利损失。

统一税几乎没有扭曲效应，且如将后续收益返还给消费者，其扭曲效应甚至更小，因此确实需要非常高的统一关税才能在福利方面实现一点小小的改变。另外奥罗克的研究还忽略了这样一个事实，即他引用自奈(1991)对法国关税水平的度量是有意地向上偏倚的，为的是证明法国贸易的相对开放。而相比奥罗克的发现，一组更现实的数据显示的结果甚至将对法国而非英国更为有利。

敏感度分析

正如预期的那样，模拟结果对校准特别敏感，特别是对某些特定的替代弹性。首先，根据我们的数据，英国主要是消费品的进口国。法国的进口则主要是投入品。由于我们特意假设投入品中的替代弹性为0.7，而大多数消费品中的替代弹性为2.0，因此相对于法国而言，这种不对称显然降低了英国的最优关税。为了了解我们的结果多大程度上取决于这种不对称，我们对供给和需求侧进行了相同的校准并再次模拟。具体来说我们假设替换弹性都等于1，对应柯布-道格拉斯对偏好和技术的设定。

表 A.5　在消费和生产中使用相同的替代弹性，对福利的影响(百分比)

1841年	英 1/1	英国 0.7/2.0	法 1/1	法国 0.7/2.0	1854年	英 1/1	英国 0.7/2.0	法 1/1	法国 0.7/2.0
100	0.000	0.000	0.000	0.000	100	0.000	0.000	0.000	0.000
95	0.086	0.136	0.019	0.042	95	0.005	0.024	–0.005	0.007
90	0.170	0.267	0.033	0.089	90	0.008	0.047	–0.010	0.015
85	0.256	0.398	0.051	0.140	85	0.009	0.068	–0.015	0.022
80	0.337	0.526	0.070	0.191	80	0.009	0.087	–0.019	0.027
75	0.418	0.651	0.089	0.243	75	0.008	0.102	–0.024	0.034
70	0.495	0.774	0.107	0.303	70	0.003	0.117	–0.032	0.041
65	0.568	0.888	0.131	0.359	65	–0.005	0.125	–0.039	0.046
60	0.637	0.996	0.149	0.425	60	–0.016	0.131	–0.049	0.054
55	0.701	1.097	0.168	0.485	55	–0.032	0.131	–0.056	0.058
50	0.757	1.186	0.191	0.550	50	–0.050	0.125	–0.066	0.061
45	0.804	1.261	0.210	0.620	45	–0.077	0.110	–0.078	0.063
40	0.841	1.319	0.229	0.686	40	–0.112	0.090	–0.090	0.063
35	0.860	1.355	0.243	0.756	35	–0.155	0.058	–0.105	0.061
30	0.860	1.364	0.257	0.816	30	–0.210	0.013	–0.122	0.056
25	0.835	1.336	0.266	0.872	25	–0.281	–0.046	–0.141	0.046
20	0.777	1.255	0.271	0.919	20	–0.369	–0.126	–0.163	0.032
15	0.665	1.097	0.266	0.947	15	–0.486	–0.230	–0.188	0.010
10	0.482	0.813	0.247	0.952	10	–0.635	–0.367	–0.217	–0.019
5	0.167	0.306	0.210	0.919	5	–0.837	–0.550	–0.251	–0.056
0	–0.423	–0.715	0.149	0.840	0	–1.112	–0.806	–0.290	–0.107

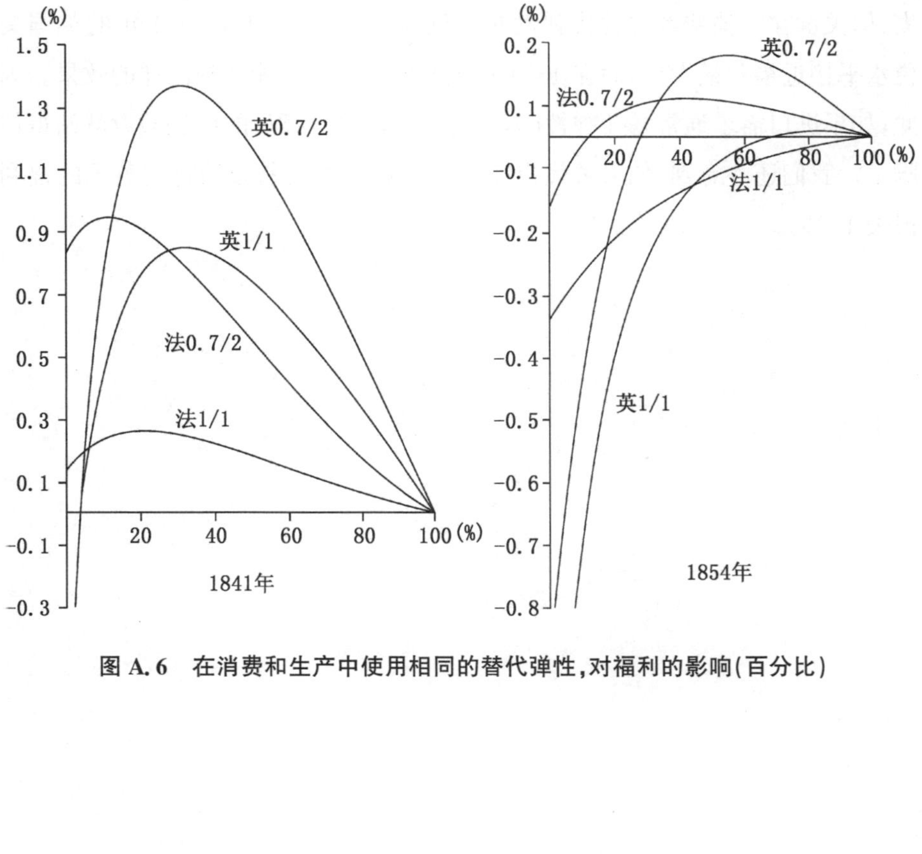

图 A.6　在消费和生产中使用相同的替代弹性，对福利的影响(百分比)

我们可以看到在表 A.5 和图 A.6 中,将投入的替代弹性从 0.7 增加到 1.0,同时将消费品的替代弹性从 2.0 减少到 1.0,会在一定程度上降低英国从反事实的 1841 年的关税削减中获得的潜在收益,但此时其潜在收益仍然高于法国。相比之下,同样的弹性假设变化对 1841 年的法国的影响更大,甚至于使其贸易自由化的潜在收益减少了 75%。更引人瞩目的是在 1854 年,尽管依旧与自由贸易国相距甚远,英国和法国在新的弹性假设下似乎都在实行近乎最优的关税政策。英国的关税仍略高于其最优水平,而法国实际上则略显慷慨。

其次,我们对消费品束之间的替代弹性进行了敏感性分析。表 A.6 和图 A.7 显示了替代弹性范围在 0.5 到 4.0 时,1841 年和 1854 年英国转向自由贸易的静态福利效应。这两年的图形非常相似,主要的区别在于福利损失的相对规模。如前所述,当消费品束之间的替代弹性为 2.0 时,1841 年英国的高关税所造成的福利损失将近其静态收入的 1.4%,而在 1854 年损失则只有 0.13%。一旦将替代弹性从 2.0 提高到 4.0,1841 年和 1854 年贸易保护的福利损失就会分别急剧增加到收入的 2.4%和 0.35%。降低弹性能减少福利损失,但关键在于消费者的替代弹性必须低至 0.5,才足以让 1841 年的英国关税水平接近福利最大化,而在 1854 年则要低于 1.0 才能达到同样的效果。因此,如果进口需求通常是无弹性的,麦克洛斯基论点背后的前提假设就站得住脚了。我们还注意到,如果替代弹性为 0.5,则自由贸易政策将使英国的福利损失 1.7%。

表 A.6 英国和法国的消费品束间不同的替代弹性对英国所产生的影响(以百分比计)

1841年	0.5	1.1	2.0	2.0	1854年	0.5	1.1	2.0	4.0
100	0.000	0.000	0.000	0.000	100	0.000	0.000	0.000	0.000
95	−0.017	0.070	0.136	0.206	95	−0.027	0.003	0.024	0.047
90	−0.039	0.134	0.267	0.409	90	−0.057	0.005	0.047	0.093
85	−0.067	0.195	0.398	0.612	85	−0.088	0.005	0.068	0.137
80	−0.100	0.253	0.526	0.816	80	−0.123	0.002	0.087	0.178
75	−0.139	0.309	0.651	1.013	75	−0.161	−0.003	0.102	0.216
70	−0.184	0.356	0.774	1.211	70	−0.202	−0.011	0.117	0.252
65	−0.239	0.398	0.888	1.403	65	−0.246	−0.024	0.125	0.282
60	−0.301	0.431	0.996	1.587	60	−0.295	−0.039	0.131	0.309
55	−0.376	0.454	1.097	1.765	55	−0.348	−0.061	0.131	0.330
50	−0.462	0.468	1.186	1.932	50	−0.408	−0.087	0.125	0.344
45	−0.562	0.465	1.261	2.085	45	−0.475	−0.120	0.110	0.350
40	−0.679	0.445	1.319	2.218	40	−0.549	−0.161	0.090	0.345
35	−0.818	0.406	1.355	2.327	35	−0.632	−0.211	0.058	0.330
30	−0.983	0.342	1.364	2.402	30	−0.725	−0.273	0.013	0.298
25	−1.172	0.245	1.336	2.433	25	−0.831	−0.347	−0.046	0.249
20	−1.403	0.103	1.255	2.394	20	−0.951	−0.438	−0.126	0.175
15	−1.676	−0.097	1.097	2.252	15	−1.090	−0.550	−0.230	0.071
10	−2.012	−0.387	0.813	1.929	10	−1.250	−0.688	−0.367	−0.077
5	−2.435	−0.816	0.306	1.255	5	−1.441	−0.863	−0.550	−0.287
0	−2.992	−1.534	−0.715	−0.484	0	−1.668	−1.088	−0.806	−0.596

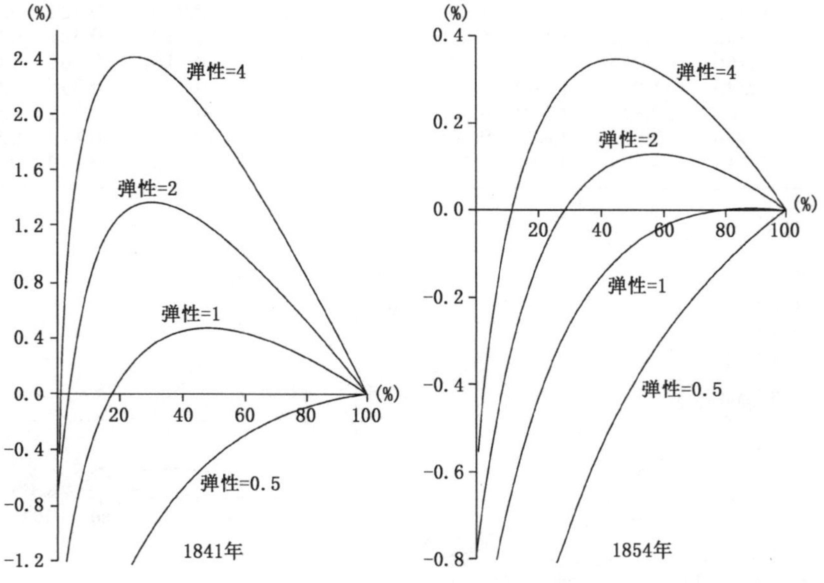

图 A.7 英国和法国的消费品束间不同的替代弹性对英国所产生的影响(以百分比计)

再次,通过改变投入品之间的替代弹性,我们发现结果对这个参数特别敏感。从表 A.7 和图 A.8 中可以看出,假使弹性从 0.7(较无弹性)上升到 1.2

（略有弹性），则 1841 年和 1854 年相对于最优关税的静态福利损失将增加到原来的 3 倍。如果将弹性提高到 2.0，那么 1841 年的福利损失会高达收入的 9%，而 1854 年的损失较小仅为 1%。更为根本的是，即使弹性降低到 0.1，几乎如同列昂惕夫模型，这两年中的最优关税都仍低于历史上的关税水平。

表 A.7　英国和法国的投入品束间不同的替代弹性对英国所产生的影响（以百分比计）

1841年	0.1	0.7	1.2	2.0	1854年	0.1	0.7	1.2	2.0
100	0.000	0.000	0.000	0.000	100	0.000	0.000	0.000	0.000
95	0.028	0.136	0.192	0.251	95	0.011	0.025	0.036	0.049
90	0.047	0.267	0.390	0.512	90	0.020	0.049	0.073	0.101
85	0.061	0.398	0.593	0.788	85	0.028	0.069	0.110	0.155
80	0.067	0.526	0.799	1.077	80	0.032	0.088	0.147	0.211
75	0.061	0.651	1.016	1.383	75	0.033	0.106	0.183	0.270
70	0.050	0.774	1.236	1.709	70	0.032	0.118	0.219	0.333
65	0.025	0.888	1.464	2.054	65	0.027	0.129	0.254	0.397
60	−0.011	0.996	1.701	2.419	60	0.017	0.134	0.287	0.465
55	−0.058	1.097	1.943	2.811	55	0.003	0.136	0.320	0.536
50	−0.122	1.186	2.196	3.229	50	−0.014	0.129	0.350	0.610
45	−0.203	1.261	2.455	3.682	45	−0.038	0.117	0.377	0.686
40	−0.303	1.319	2.728	4.169	40	−0.066	0.096	0.399	0.765
35	−0.426	1.355	3.009	4.701	35	−0.102	0.065	0.416	0.844
30	−0.573	1.364	3.301	5.286	30	−0.143	0.020	0.424	0.922
25	−0.752	1.336	3.607	5.929	25	−0.194	−0.039	0.421	0.995
20	−0.966	1.255	3.922	6.644	20	−0.254	−0.118	0.401	1.057
15	−1.233	1.097	4.239	7.440	15	−0.325	−0.221	0.355	1.091
10	−1.564	0.813	4.529	8.300	10	−0.408	−0.358	0.271	1.080
5	−1.996	0.306	4.679	9.104	5	−0.509	−0.542	0.123	0.976
0	−2.614	−0.715	4.214	9.177	0	−0.634	−0.798	−0.140	0.694

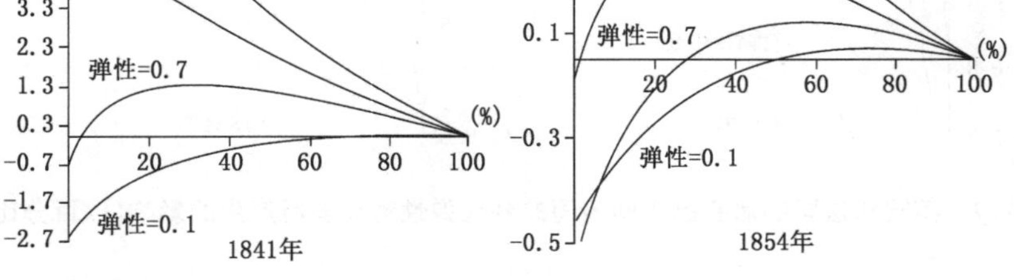

图 A.8　英国和法国的投入品束间不同的替代弹性对英国所产生的影响（以百分比计）

最后，我们调整了世界其他地区的规模。我们在基准情境中倾向于夸大英国(和法国)的市场力量，假设世界其他地区在全球经济中仅仅占到一半。通过放宽这一假设，并将世界其他地区的市场份额提高到 70%、90%甚至 99%，我们的核心主张得到了进一步强化，即英国的关税太高以至于无法被认为是最优的关税政策。模拟结果如表 A. 8、图 A. 9、表 A. 9、图 A. 10 所示。

表 A. 8　世界其他地区的规模不同对英国所产生的影响(以百分比计)

1841年	50%	70%	90%	99%	1854年	50%	70%	90%	99%
100	0.000	0.000	0.000	0.000	100	0.000	0.000	0.000	0.000
95	0.136	0.156	0.203	0.317	95	0.044	0.058	0.080	0.093
90	0.267	0.309	0.409	0.649	90	0.085	0.115	0.162	0.189
85	0.398	0.462	0.615	0.988	85	0.125	0.169	0.244	0.290
80	0.526	0.612	0.827	1.342	80	0.161	0.222	0.326	0.394
75	0.651	0.763	1.038	1.706	75	0.194	0.271	0.408	0.503
70	0.774	0.907	1.253	2.082	70	0.224	0.315	0.487	0.617
65	0.888	1.049	1.467	2.472	65	0.248	0.356	0.566	0.736
60	0.996	1.183	1.681	2.870	60	0.266	0.391	0.639	0.859
55	1.097	1.311	1.893	3.279	55	0.279	0.418	0.708	0.987
50	1.186	1.425	2.101	3.696	50	0.285	0.437	0.768	1.118
45	1.261	1.528	2.302	4.117	45	0.282	0.448	0.820	1.254
40	1.319	1.614	2.491	4.537	40	0.268	0.446	0.858	1.389
35	1.355	1.678	2.664	4.949	35	0.243	0.430	0.880	1.522
30	1.364	1.712	2.808	5.344	30	0.202	0.401	0.883	1.649
25	1.336	1.706	2.917	5.700	25	0.145	0.350	0.859	1.761
20	1.255	1.645	2.967	5.993	20	0.066	0.274	0.806	1.848
15	1.097	1.500	2.934	6.179	15	–0.043	0.170	0.711	1.891
10	0.813	1.227	2.758	6.179	10	–0.186	0.024	0.563	1.864
5	0.306	0.713	2.330	5.837	5	–0.382	–0.178	0.345	1.727
0	–0.715	–0.337	1.333	4.757	0	–0.654	–0.464	0.022	1.421

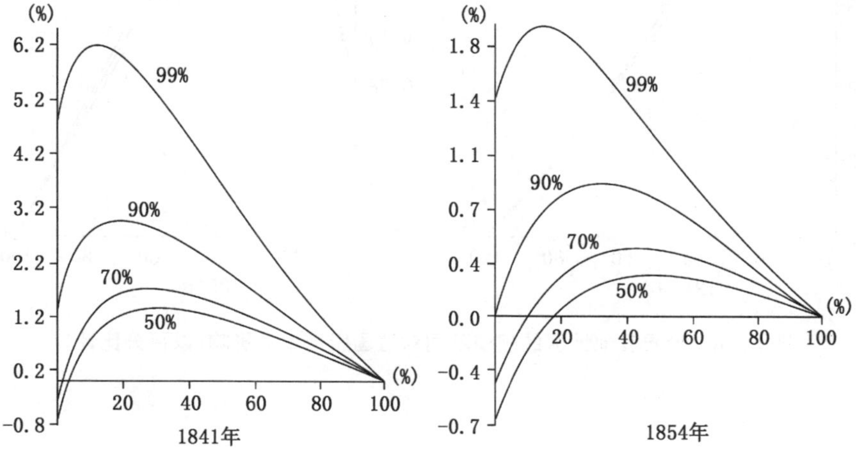

图 A. 9　世界其他地区的规模不同对英国所产生的影响(以百分比计)

表 A.9　世界其他地区的规模不同对法国所产生的影响(以百分比计)

1841年	50%	70%	90%	99%	1854年	50%	70%	90%	99%
100	0.000	0.000	0.000	0.000	100	0.000	0.000	0.000	0.000
95	0.061	0.061	0.061	0.061	95	0.015	0.015	0.017	0.017
90	0.126	0.126	0.126	0.121	90	0.029	0.029	0.032	0.034
85	0.191	0.196	0.191	0.182	85	0.044	0.046	0.049	0.049
80	0.257	0.266	0.261	0.247	80	0.058	0.061	0.066	0.066
75	0.331	0.336	0.331	0.313	75	0.073	0.076	0.080	0.083
70	0.401	0.411	0.406	0.383	70	0.088	0.093	0.097	0.097
65	0.481	0.490	0.481	0.457	65	0.100	0.107	0.112	0.115
60	0.560	0.569	0.560	0.527	60	0.115	0.122	0.127	0.129
55	0.644	0.653	0.639	0.602	55	0.127	0.134	0.141	0.144
50	0.728	0.742	0.723	0.676	50	0.139	0.149	0.156	0.156
45	0.812	0.830	0.807	0.751	45	0.151	0.158	0.166	0.168
40	0.900	0.914	0.891	0.826	40	0.158	0.168	0.175	0.175
35	0.984	1.003	0.970	0.896	35	0.166	0.175	0.183	0.183
30	1.068	1.082	1.050	0.961	30	0.171	0.180	0.188	0.185
25	1.143	1.162	1.120	1.017	25	0.171	0.180	0.188	0.185
20	1.208	1.222	1.176	1.054	20	0.166	0.178	0.183	0.178
15	1.255	1.274	1.213	1.073	15	0.156	0.168	0.173	0.166
10	1.278	1.297	1.227	1.064	10	0.136	0.149	0.154	0.144
5	1.264	1.283	1.204	1.017	5	0.110	0.122	0.127	0.112
0	1.204	1.222	1.129	0.910	0	0.071	0.083	0.085	0.068

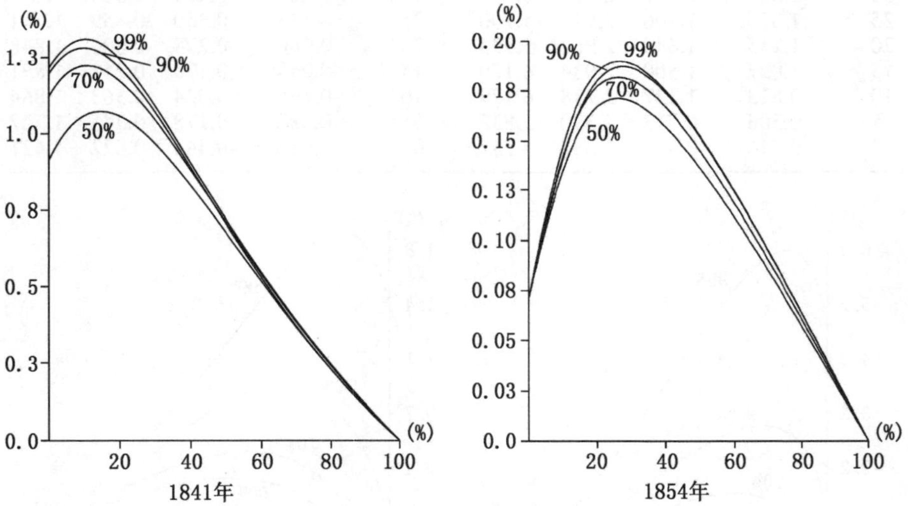

图 A.10　世界其他地区的规模不同对法国所产生的影响(以百分比计)

税收收入的故事

欧文认为，英国对某些商品征收高关税，如葡萄酒、朗姆酒和白兰地，并非出于贸易保护，而单纯是为了税收收入。因此，他声称除非赋予这些关税非常小的权重，否则将它们纳入诸如关税指数之类的指标来度量贸易保护程度将会产生误导。他的理由是，这些商品在国内没有近似的替代品，特别是价格高昂的葡萄酒对英国啤酒消费所产生的影响微乎其微。然而，这种说法忽略了对特定类别葡萄酒和烈酒征收的禁止性关税的影响，而这些葡萄酒和烈酒是最有可能与国内酒精饮料生产发生竞争的。

应该指出，这种最大化税收收入的计算方式在葡萄酒和烈性酒方面存在某种程度的误导，因为这些商品的税收是依照容量而非价格课征的。因此，我们的计算忽略了英国关税对最廉价葡萄酒的禁止效应，这些葡萄酒在 18 世纪之后就再也没有进入英国消费市场。相比之下，对于像勃艮第和波尔多这样最优质的葡萄酒，固定的关税自然要比从价计征的关税低得多。在处理葡萄酒和白兰地的具体关税问题上我们无能为力，导致无法阐释对特定类型的进口葡萄酒，以及国内啤酒的特别保护所产生的保护效应和分配效应，而这些效应非常重要。

人们自然会问，1841 年对葡萄酒征收的 115%左右的关税，以及对朗姆酒和白兰地征收的 200%以上的关税，是否真的如此之高乃至是禁止性的，甚至不会带来任何近似潜在的税收收入。然而我们的模拟表明，在一系列合理的替代弹性下，如果不考虑葡萄酒和烈酒的问题，这样高的关税确实仍处在拉弗曲线的合理一侧（见表 A. 10 和图 A. 11）。尤其是当进口酒和国产啤酒之间的替代弹性为 2. 0 时，酒类关税向量接近于最大化税收收入。在表 A. 7 和图 A. 8 中，关税收入呈现出平坦的曲线，在对酒类征收 100%的历史关税时几乎达到最高点。只有在替代弹性更高的情况下，历史关税才会看起来过高。

表 A.10　　拉弗曲线:各种酒类之间(包括国产啤酒)不同的替代弹性下,酒类的关税对英国税收收入的影响(以百分比计)

1841年	弹性=1	弹性=3	弹性=5	弹性=10	1854年	弹性=1	弹性=3	弹性=5	弹性=10
200	21.8	−14.4	−27.6	−40.3	200	30.0	−11.3	−26.0	−40.2
190	20.5	−12.7	−24.9	−37.1	190	27.9	−9.6	−23.5	−37.1
180	19.1	−10.9	−22.2	−33.7	180	25.8	−8.1	−20.8	−34.0
170	17.5	−9.2	−19.4	−30.1	170	23.5	−6.7	−18.1	−30.4
160	15.8	−7.4	−16.5	−26.2	160	20.8	−5.2	−15.4	−26.7
150	13.8	−5.8	−13.5	−22.1	150	18.1	−4.0	−12.7	−22.5
140	11.6	−4.2	−10.6	−17.7	140	15.2	−2.7	−10.0	−18.3
130	9.3	−2.8	−7.7	−13.2	130	11.9	−1.5	−7.1	−13.8
120	6.5	−1.6	−4.9	−8.7	120	8.3	−0.6	−4.6	−9.0
110	3.5	−0.6	−2.2	−4.2	110	4.4	−0.2	−2.1	−4.4
100	0.0	0.0	0.0	0.0	100	0.0	0.0	0.0	0.0
90	−3.9	0.2	1.9	3.7	90	−4.8	−0.2	1.7	4.0
80	−8.4	−0.4	2.9	6.5	80	−10.0	−1.3	2.7	7.1
70	−13.6	−1.9	3.0	8.2	70	−16.0	−3.3	2.5	9.0
60	−19.8	−4.6	1.7	8.2	60	−22.9	−6.5	1.0	9.2
50	−27.1	−9.1	−1.8	5.7	50	−30.8	−11.3	−2.5	6.9
40	−35.8	−15.9	−8.0	0.0	40	−40.0	−18.3	−9.0	1.3
30	−46.5	−26.2	−18.3	−10.4	30	−50.6	−28.8	−19.2	−9.0
20	−59.9	−41.6	−34.6	−27.7	20	−63.8	−44.0	−35.4	−26.3
10	−77.0	−64.7	−60.0	−55.4	10	−79.6	−66.3	−60.4	−54.4
0	−100.0	−100.0	−100.0	−100.0	0	−100.0	−100.0	−100.0	−100.0

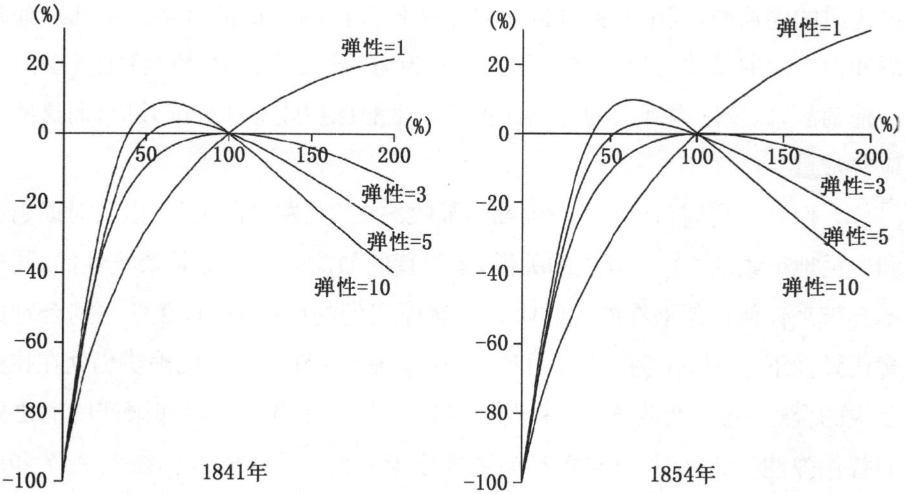

图 A.11　拉弗曲线:各种酒类之间(包括国产啤酒)不同的替代弹性下,酒类的关税对英国税收收入的影响(以百分比计)

最后,表 A.11 和图 A.12 显示了这些模拟的福利效应。当替代弹性为 2.0,即关税接近最大化税收收入时,福利损失仍是无法忽视的。因此,我们同意欧文的观点，即除餐酒以外的关税可以被认为最大化了税收收入，但对应的效用损失也表明关税的贸易保护影响不可避免。因此，我们的计算结果与以税收收入最大化为目标的贸易政策相符，但前提是我们忽略了对葡萄酒课征关税的禁止性影响，并将其视为从价税而非现实中始终采用的特定关税。

表 A.11　各种酒类之间(包括国产啤酒)不同的替代弹性下，酒类的关税对英国福利的影响(以百分比计)

1841年	弹性=1	弹性=3	弹性=5	弹性=10	1854年	弹性=1	弹性=3	弹性=5	弹性=10
200	−1.033	−1.186	−1.253	−1.311	200	−0.265	−0.319	−0.341	−0.358
190	−0.932	−1.080	−1.150	−1.216	190	−0.240	−0.290	−0.312	−0.334
180	−0.832	−0.974	−1.041	−1.116	180	−0.213	−0.262	−0.284	−0.307
170	−0.732	−0.863	−0.927	−1.005	170	−0.188	−0.232	−0.252	−0.278
160	−0.629	−0.746	−0.807	−0.888	160	−0.161	−0.200	−0.221	−0.246
150	−0.523	−0.626	−0.682	−0.757	150	−0.134	−0.169	−0.186	−0.211
140	−0.420	−0.504	−0.551	−0.618	140	−0.107	−0.136	−0.151	−0.172
130	−0.315	−0.381	−0.418	−0.470	130	−0.080	−0.102	−0.114	−0.132
120	−0.209	−0.253	−0.278	−0.315	120	−0.054	−0.068	−0.077	−0.088
110	−0.103	−0.125	−0.139	−0.156	110	−0.027	−0.035	−0.038	−0.044
100	0.000	0.000	0.000	0.000	100	0.000	0.000	0.000	0.000
90	0.103	0.122	0.136	0.150	90	0.025	0.033	0.036	0.041
80	0.200	0.239	0.259	0.287	80	0.050	0.063	0.071	0.080
70	0.292	0.340	0.367	0.398	70	0.074	0.091	0.101	0.110
60	0.373	0.423	0.445	0.470	60	0.096	0.114	0.123	0.132
50	0.443	0.470	0.484	0.493	50	0.115	0.129	0.136	0.139
40	0.490	0.470	0.456	0.437	40	0.129	0.134	0.131	0.126
30	0.509	0.395	0.337	0.267	30	0.140	0.120	0.104	0.082
20	0.482	0.200	0.070	−0.078	20	0.142	0.080	0.041	−0.006
10	0.384	−0.178	−0.431	−0.693	10	0.131	−0.002	−0.077	−0.166
0	0.164	−0.874	−1.317	−1.762	0	0.099	−0.155	−0.290	−0.443

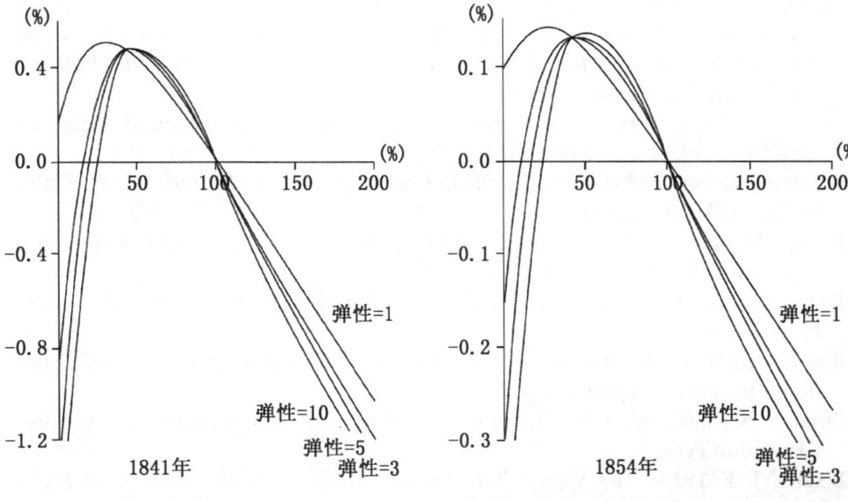

图 A.12　各种酒类之间(包括国产啤酒)不同的替代弹性下，酒类的关税对英国福利的影响(以百分比计)

参考文献

Anderson, James E. 1995. "Tariff-Index Theory." *Review of International Economics* 3:2 (June): 156–73.

Anderson, James E., and J. Peter Neary. 1994. "Measuring the Restrictiveness of Trade Policy." *World Bank Economic Review* 8:2 (May): 151–69.

Anderson, James E., and J. Peter Neary. 1996. "A New Approach to Evaluating Trade Policy." *Review of Economic Studies* 63: 107–25.

Anonymous. 1709. *Reasons Humbly Offer'd by the Portugal, Italian, and Spanish Merchants Against Importing French Wines, in Return for Tobacco*. London. Microfilm [Hanson 1018]: 1350: Reel 275; no. 4555.

———. 1713a. *The Consequences of a Law for Reducing the Dutys upon French Wines, Brandy, Silks, and Linen, to Those of Other Nations*. London.

———. 1713b. *Reasons Humbly Offer'd by the Merchants Trading to Spain and Portugal Against the Bill for Suspending the Buty of 25 £. per Tun on French Wines*. London. Microfilm. [Stanford]: Reel 297; no. 5041.1.

———. 1713c. *Reasons Humbly Offer'd by the Portugal, Spanish, and Italian Merchants, Against Admitting French Wine to be Imported into Great Britain*. London.

———. 1713d. *The Trade with France, Italy, Spain, and Portugal, Consider'd & c*. London. Microfilm [Hanson 1859]: Reel 297; no. 5047.

———. 1772. *Political Essays Concerning the Present State of the British Empire*. London.

Bairoch, Paul. 1989. "European Trade Policy, 1815–1914." In Peter Mathias and Sydney Pollard, eds., *The Cambridge Economic History of Europe*, vol. 8, *The Industrial Economies: The Development of Economic and Social Policies*. Cambridge: Cambridge University Press.

———. 1976. *Commerce extérieur et developpement économique de l'Europe au XIXe siecle*. Paris: Mouton.

Baldwin, Robert. 1985. *The Political Economy of U.S. Import Policy*. Cambridge, MA: MIT Press.

Barnes, Donald G. 1961. *A History of the English Corn Laws, from 1660–1846*. New York: A. M. Kelley. Reprint of 1930.

Barzel, Yoram 2001. *A Theory of the State*. Cambridge: Cambridge University Press.

Binney, J.E.D. 1958. *British Public Revenue and Administration 1774–92*. London: Oxford University Press.

Bonney, Richard, ed. 1995. *Economic Systems and State Finance*. New York: Clarendon Press.

Bosher, J. F. 1964. *The Single Duty Project; A Study of the Movement For a French Customs Union in the Eighteenth Century*. London: University of London Athlone Press.

Braddick, M. J. 1996. *The Nerves of State: Taxation and the Financing of the English State, 1558–1714*. Manchester: Manchester University Press.
Brennan, Thomas. 1997. *Burgundy to Champagne: The Wine Trade in Early Modern France*, in Johns Hopkins University Studies in Historical and Political Science. 115:1. Baltimore: Johns Hopkins University Press.
Brewer, John. 1988. *The Sinews of Power.* Cambridge, MA: Harvard University Press.
Briggs, Asa. 1985. *Wine for Sale: Victoria Wine and the Liquor Trade, 1860–1984*. Chicago: University of Chicago Press.
Bright, John, and J. E. Thorold Rogers, Eds. 1908. *Speeches on Questions of Public Policy by Richard Cobden*. London: T. Fisher Unwin.
Brown, Lucy. 1958. *The Board of Trade and the Free-Trade Movement 1830–42*. Oxford: Clarendon Press.
Burnett, John. 1999. *Liquid Pleasures: A Social History of Drinks in Modern Britain*. Routledge: London.
Burnette, Joyce, and Joel Mokyr. 1995. "The Standard of Living Through the Ages." In Julian L. Simon, ed., *The State of Humanity*. Malden, MA: Blackwell Publishers Inc.
Cameron, Rondo, and Charles Freedeman. 1983. "French Economic Growth: A Radical Revision." *Social Science History* 7:1: 3–30.
Clapham, John H. 1952. *An Economic History of Modern Britain. Volume 2, Free Trade and Steel 1850–1886*. Cambridge: Cambridge University Press.
Clark, G. N. 1923. *The Dutch Alliance and the War Against French Trade, 1688–1697*. Manchester: Manchester University Press.
Clark, G. N., and Barbara Mary Tanner Franks. 1938. *Guide to English Commercial Statistics, 1696–1782*. London: Offices of the Royal Historical Society.
Clay, C.G.A. 1984. *Economic Expansion and Social Change: England 1500–1700. Volume II: Industry, trade, and government*. Cambridge: Cambridge University Press.
Clement, Pierre. 1863. *Lettres Instructions et Mémoires de Colbert, Vol. II*. Paris: Imprimerie.
Clements, Kenneth W., and E. Anthony Selvanathan. 1987. "Alcohol Consumption." In Henri Theil and Kenneth W. Clements, eds. *Applied Demand Analysis: Results From System-Wide Approaches*. Cambridge, MA: Ballinger Publishing Company.
Coleman, D. C. 1977. *The Economy of England, 1450–1750*. London: Oxford University Press.
Corden, W. Max. 1971. *The Theory of Protection*. London: Oxford University Press.
Crouzet, François. 1987. *L'economie britannique et le blocus continental, 1806–1813*. Paris: Economica.
Crowhurst, Patrick. 1977. *The Defence of British Trade, 1689–1815*. Folkestone: Dawson.
Dakhlia, Sami, and John V. C. Nye. 2004. "Tax Britannica: Nineteenth Century Tariffs and British National Income." *Public Choice* 121 (December): 309–33.
Dakhlia, S., and A. Temimi. Forthcoming. "An Extension of the Trade Restrictiveness Index to Large Economies." *Review of International Economics*.

Davenant, Charles. 1695. *An Essay Upon the Ways and Means of Supplying the War.* London: Printed for Jacob Tonson.

Davis, Lance E., and Robert A. Huttenback. 1986. *Mammon and the Pursuit of Empire: The Political Economy of British Imperialism, 1860–1912.* Cambridge: Cambridge University Press.

Davis, Ralph. 1979. *The Industrial Revolution and British Overseas Trade.* Leicester: Leicester University Press.

Douglas, Roy. 1999. *Taxation in Britain Since 1660.* New York: St. Martin's Press.

Dunham, A. L. 1930. *The Anglo-French Treaty of Commerce of 1860 and the Progress of the Industrial Revolution in France.* Ann Arbor, MI: The University of Michigan Press.

The Economist. 1865, April 22. London: The Economist Newspaper Ltd.

The Economist. 1865, June 24. London: The Economist Newspaper Ltd.

Ekelund, Robert B., and Robert D. Tollison. 1981. *Mercantilism As a Rent-seeking Society: Economic Regulation in Historical Perspective.* College Station, TX: Texas A&M University Press.

Fisher, Harold E. S. 1971. *The Portugal Trade: A Study of Anglo-Portuguese Commerce, 1700–1770.* London: Methuen.

Fogel, R. W. 1967. "The specification problem in economic history." *Journal of Economic History* 27. 283–308.

Fohlen, Claude. 1956. *Lindustrie Textile au Temps du Second Empire.* Paris: Plon.

France, Administration des Douanes. 1858. *Tableau Décennal du Commerce de la France, 1847–56.* Paris: Imprimerie Nationale.

———. 1878. *Tableau Décennal du Commerce de la France, 1867–76.* Paris: Imprimerie Nationale.

France. 1894. *Annuaire Statistique de la France.* Paris: Imprimerie Nationale.

France, Archives Nationale. [n.d.]. AN F12 2484.

———. [1828?]. AN F20 744.

———. [1838?]. AN F12 2537.

———. [1858?]. AN F12 2525.

France, Direction Générale des Douanes. 1870. *Tableau Général du Commerce de la France, 1869.* Paris.

France, Ministre de l'Agriculture, du commerce et des travaux publics. 1860. *Enquête: Traité de commerce avec l'Angletterre, Vol. IV.* Paris.

Francis, Alan D. 1972. *The Wine Trade.* London: A&C Black.

Friedenson, Patrick, and André Strauss, eds. 1987. *Le Capitalisme français XIXe–XXe siècle.* Paris: Fayard.

Gilpin, Robert. 1971. "The Politics of Transnational Economic Relations." *International Organization* 25:3 (Summer): 398–419.

———. 1987. *The Political Economy of International Relations.* Princeton, NJ: Princeton University Press.

Gordon, H. S. 1971. "The Ideology of Laissez-Faire," in A. W. Coats, ed. *The Classical Economists and Economic Policy.* London: Methuen.

Gourvish, T. R., and R. G. Wilson. 1994. *The British Brewing Industry, 1830–1980.* Cambridge: Cambridge University Press.

Great Britain, Parliament, House of Commons, Select Committee on Police of the Metropolis. 1817. *First Report; With Minutes of Evidence Taken Before the Committee; and an Appendix.* London.

Great Britain, Sessional Papers, House of Commons. 1898. *Customs Tariffs of the United Kingdom, 1800–1897*. Vol. 85. London.

Great Britain. 1965. *Statistical Abstract for the United Kingdom 1846–78*. Vol. nos. 8–26. London: Kraus Reprint.

Hancock, David. 2000. "Law, Credit, the Supply of Labour, and the Organization of Sugar Production in the colonial Greater Caribbean: A Comparison of Brazil and Barbados in the Seventeenth Century," in John McCusker and Kenneth Morgan, eds. *The Early Modern Atlantic Economy*. Cambridge: Cambridge University Press.

Harper, William T. 1997. *Origins and Rise of the British Distillery*. New York: Edwin Mellon Press.

Harrison, Brian. 1971. *Drink and the Victorians: The Temperance Question in England 1815–72*. Pittsburgh: University of Pittsburgh Press.

Heckscher, Eli F. 1935. *Mercantilism*. London: G. Allen & Unwin Ltd.

Higounet, Charles, ed. 1962. *Histoire de Bordeaux*. Bordeaux: Federation historique du Sud-Ouest.

Hilton, Boyd. 1989. *Corn, Cash, and Commerce*. Oxford: Oxford University Press.

Hoffman, Philip T., and Jean-Laurent Rosenthal. 1997. "The Political Economy of Warfare and Taxation in Early Modern Europe: Historical Lessons for Economic Development." *The Frontiers of the New Institutional Economics*. 31–55.

Howe, Anthony. 1997. *Free Trade and Liberal England, 1846–1946*. Oxford: Clarendon Press.

Huetz de Lemps, Christian. 1975. *Géographie du commerce de Bordeaux*. Paris: Mouton.

Hume, David. 1777. *Essays, Moral, Political, and Literary, Part II: Political Discourses*. London: Printed for T. Cadell. Reprint of 1752.

Imlah, Albert. 1958. *Economic Elements of the Pax Britannica*. New York: Russell and Russell.

Irwin, Douglas A. 1988. "Welfare Effects of British Free Trade: Debate and Evidence from the 1840s." *Journal of Political Economy* 96: 1142–64.

———. 1993. "Free Trade and Protection in Nineteenth-Century Britain and France Revisited: A Comment." *Journal of Economic History* 53:1 (March): 146–52.

James, M. K. 1951/52. "The Fluctuations of the Anglo-Gascon Wine Trade During the Fourteenth Century." *Economic History Review* 4:2.

Jones, Ronald W. 1971. "Effective Protection and Substitution." *Journal of Industrial Economics* 19:1 (Feb.): 59–81.

Keith, George Skene. 1792. *Tracts on the Corn Laws of Great Britain*. London.

Keohane, Robert. 1984. *After Hegemony: Cooperation and Discord in the World Political Economy*. Princeton, NJ: Princeton University Press.

Kindleberger, Charles P. 1978. *Economic Response: Comparative Studies in Trade, Finance, and Growth*. Cambridge, MA: Harvard University Press.

Koehn, Nancy F. 1994. *The Power of Commerce: Economy and Governance in the First British Empire*. Ithaca and London: Cornell University Press.

Krasner, Stephen. 1976. "State Power and the Structure of International Trade," World Politics 28 (April): 317–47.

Krugman, Paul. R., and Maurice Obstfeld. 1997. *International Economics: The-*

ory and Policy. Reading, MA: Addison-Wesley.

Langford, Paul. 1989. *A Polite and Commercial People: England 1727–1783.* New York: Clarendon Press.

Ladurie, Emmanuel Le Roy. 1991. *L'Ancien Régime: de Louis XIII á Louis XV, 1610–1770.* Paris: Hachette.

Levi, Leone. 1971 [1880]. *History of British Commerce.* Shannon, Ireland: Irish University Press.

Levi, Margaret. 1988. *Of Rule and Revenue.* Berkeley, CA: University of California Press.

Lévy-Leboyer, Maurice and François Bourguignon. 1985. *L'Économie Française au XIXe siècle.* Paris.

Macfarlane, Alan. 1997. *The Savage Wars of Peace: England, Japan and the Malthusian Trap.* Cambridge, MA: Blackwell Publishers.

Macpherson, David. 1805. *Annals of Commerce*, 4 Vols. London: Nichols.

Magee, Stephen, William Brock, and Leslie Young. 1989. *Black Hole Tariffs and Endogenous Tariff Policy.* New York: Cambridge University Press.

Malvezin, T. 1892. *Histoire du commerce de Bordeaux depuis les origines jusqu'à nos jours*, t. II. Bordeaux.

Marczewski, Jean. 1965. "Le produit physique de l'économie française de 1789 à 1913." *Cahiers de l'ISEA* 4 (July): VII–CLIV.

Mathias, Peter. 1959. *The Brewing Industry in England, 1700–1830.* Cambridge: University Press.

Mathias, Peter, and Patrick K. O'Brien. 1976a. "Taxation in England and France, 1715–1810." *Journal of European Economic History* 5: 211–13.

———. 1976b. "Taxation in England and France 1715–1810." *Journal of European Economic History* 5: 601–50.

McCloskey, D. N. 1980. "Magnanimous Albion: Free Trade and British National Income, 1841–1881." *Explorations in Economic History* 17:3: 303–20.

———. 1981. "The Industrial Revolution 1780–1860: A Survey." In Roderick Floud and D. N. McCloskey, eds. *The Economic History of Britain Since 1700*, vol. 1. Cambridge: Cambridge University Press.

McLachlan, Jean O. 1940. *Trade and Peace With Old Spain, 1667–1750: A Study of the Influence of Commerce on Anglo-Spanish Diplomacy in the First Half of the Eighteenth Century.* Cambridge: Cambridge University Press.

McLean, Iain, Robert Pahre, Cheryl Schonhardt-Bailey, and Fiona McGillivray, eds. 2002. *International Trade and Political Institutions: Instituting Trade in the Long 19th Century*. Cheltenham: Edward Elgar.

Mitchell, B.R. 1980. *European Historical Statistics, 1750–1975*, 2nd. rev. ed. New York: Facts on File.

———. 1988. *British Historical Statistics.* Cambridge: Cambridge University Press.

Mokyr, Joel A. 1999. "Editor's Introduction: The New Economic History and the Industrial Revolution." In Joel Mokyr, ed. *The British Industrial Revolution: An Economic Perspective*. Boulder: Westview Press.

———. 2003. "Mercantilism, the Enlightenment, and the Industrial Revolution." Working paper presented to the Conference in Honor of Heckscher. Stockholm.

———. 2005. "The Intellectual Origins of Modern Economic Growth." *Journal of Economic History* 65:2 (June): 285–351.

Monckton, Herbert Anthony. 1966. *A History of English Ale and Beer.* London: Bodley Head.

Le Moniteur Industriel. 1856. 6 July. Paris.

Morgan, Kenneth. 2002. "Mercantilism and British Empire: 1688–1815." In Donald Winch and Patrick K. O'Brien, eds. *The Political Economy of British Historical Experience 1688–1914.* Oxford: Oxford University Press. 165–91.

North, Douglass C., and Barry R. Weingast. 1989. "Consitutions and Commitment: The Evolution of Institutions Governing Public Choice in Seventeenth-Century England." *Journal of Economic History* 49:4 (December): 803–32.

North, Douglass C., and Robert P. Thomas. 1973. *The Rise of the Western World.* Cambridge: Cambridge University Press.

Nye, John V. C. 1987. "Firm Size and Economic Backwardness: A New Look at the French Industrialization Debate." *Journal of Economic History* 47:3 (September): 649–69.

———. 1991a. "Changing French Trade Conditions, National Welfare, and the 1860 Anglo-French Treaty of Commerce." *Explorations in Economic History* 28: 4 (October): 460–77.

———. 1991b. "The Myth of Free Trade Britain and Fortress France: Tariffs and Trade in the Nineteenth Century." *Journal of Economic History* 51:1 (March): 23–46.

———. 1991c. "Revisionist Tariff History and the Theory of Hegemonic Stability." *Politics and Society* 19:2 (June): 209–32.

———. 1993. "Reply to Irwin on Free Trade," *Journal of Economic History,* 53: (March): pp. 153–58.

———. 1997. "Thinking About the State: Property Rights, Trade, and Changing Contractual Arrangements in a World with Violent Coercion." In John Drobak and John V. C. Nye, eds. *Frontiers of the New Institutional Economics.* San Diego: Academic Press.

O'Brien, Patrick. 1988. "The Political Economy of British Taxation, 1660–1815." *Economic History Review* 41:1 (February): 1–32.

———. 2002. "Fiscal Exceptionalism: Great Britain and its European Rivals from Civil War to Triumph at Trafalgar and Waterloo." In Winch and O'Brien, eds. *The Political Economy of British Historical Experience 1688–1914.* Oxford: Oxford University Press.

———. 2006. "Provincializing the First Industrial Revolution." Working Papers of the Global History Network (GEHN).

O'Brien, Patrick K., and P. A. Hunt. 1993. "Data Prepared on English Revenues, 1485–1815." European State Finance Database. Accessed at: http://www.le.ac.uk/hi/bon/ESFDB/frameset.html. Files used: \obrien\engd001-010.ssd and \obrien\engm001.ssd. (accessed Jan. 15, 2006).

O'Brien, Patrick, and Caglar Keyder. 1978. *Economic Growth in Britain and France, 1780–1914.* London: G. Allen & Unwin.

Olson, Mancur 1984. *The Rise and Decline of Nations: Economic Growth, Stagflation, and Rigidities.* New Haven: Yale University Press.

Ormrod, David. 2003. *The Rise of Commercial Empires: England and the Netherlands in the Age of Mercantilism 1650–1770.* Cambridge: Cambridge University Press.

O'Rourke, Kevin. 1997. "Measuring Protection: A Cautionary Tale." *Journal of*

Development Economics 53: 169–83.
Paul, Ellen Frankel. 1980. “Laissez-Faire in Nineteenth Century Britain: Fact or Myth?” *Literature of Liberty* Iii:4.
Roberts, David. 1960. *Victorian Origins of the British Welfare State*. New Haven: Yale University Press.
Roehl, Richard. 1976. “French Industrialization: A Reconsideration.” *Explorations in Economic History* 13:3 (July): 233–81.
Samuelson, Paul A. 1971. “An Exact Hume-Ricardo-Marshall Model of International Trade.” *Journal of Industrial Economics* 19:1 (Feb.): 1–18.
Schlote, Werner. 1952. *British Overseas Trade From 1700 to the 1930s*. Trans. by W. O. Henderson and W. H. Chaloner. Oxford: Blackwell.
Schonhardt-Bailey, Cheryl. 1997. *The Rise of Free Trade*. London: Routledge.
Schumpeter, Joseph A. 1986 (1954). *History of Economic Analysis*. Oxford: Oxford University Press.
Shillington, Violet Mary, and Beatrice Wallis Chapman. 1907. *The Commercial Relations of England and Portugal*. New York: E. P. Dutton & Co.
Sideri, S. 1970. *Trade and Power; Informal Colonialism in Anglo-Portuguese Relations*. Rotterdam: Rotterdam University Press.
Simon, André. 1909. *History of the Wine Trade, Vol. 3*. London.
Smith, Adam. 1776. *An Inquiry Into the Nature and Causes of the Wealth of Nations*. London: W. Strahan and T. Cadell.
Stasavage, David. 2003. *Public Debt and the Birth of the Democratic State: France and Great Britain 1688–1789*. Cambridge: Cambridge University Press.
Thomas, R. P., and Deirdre McCloskey. 1981. “Overseas Trade and Empire, 1700–1820.” In Roderick Floud and Deirdre McCloskey, eds., *The Economic History of Britain, 1700–Present*, vol. 1. Cambridge: Cambridge University Press.
Viner, Jacob. 1948. “Power vs. Plenty as Objectives of Foreign Policy in the Seventeenth and Eighteenth Centuries.” *World Politics* 1.
Williams, Judith Blow. 1972. *British Commercial Policy and Trade Expansion 1750–1850*. Oxford: Clarendon Press.
Winch, Donald, and Patrick K. O’Brien, eds. 2002. *The Political Economy of British Historical Experience 1688–1914*. Oxford: Oxford University Press.
Young, Arthur. 1770. *The Expediency of a Free Exportation of Corn at this Time: With Some Observations on the Bounty, and its Effects*. London: Printed for W. Nicoll.
———. 1772. *Political Essays Concerning the Present State of the British Empire particularly respecting: I. Natural Advantages and Disadvantages, II. Constitution, III. Agriculture, IV. Manufactures, V. The Colonies, and VI. Commerce*. London: Printed for W. Strahan and T. Cadell.

译丛主编后记

财政活动兼有经济和政治二重属性，因而从现代财政学诞生起，“财政学是介于经济学与政治学之间的学科”这样的说法就不绝于耳。正因如此，财政研究至少有两种范式：一种是经济学研究范式，在这种范式下财政学向公共经济学发展；另一种是政治学研究范式，从政治学视角探讨国家与社会间的财政行为。这两种研究范式各有侧重，互为补充。但是检索国内相关文献可以发现，我国财政学者遵循政治学范式的研究并不多见，绝大多数财政研究仍自觉地或不自觉地将自己界定在经济学学科内，而政治学者大多也不把研究财政现象视为分内行为。究其原因，可能主要源于在当前行政主导下的学科分界中，财政学被分到了应用经济学之下。本丛书的两位主编，之所以不揣浅陋地提出“财政政治学”这一名称并将其作为译丛名，是想尝试着对当前学科体系进行纠偏，将财政学的经济学研究范式和政治学研究范式结合起来，从而以“财政政治学”为名，倡导研究财政活动的政治属性。编者认为，这样做有以下几个方面的积极意义。

1. 寻求当前财政研究的理论基础。在我国的学科体系中，财政学被归入应用经济学之下，学术上就自然产生了要以经济理论为财政研究基础的要求。不过，由于当前经济学越来越把自己固化为形式特征明显的数学，以经济理论为基础就导致财政学忽视了那些难以数学化的政治视角研究，这样就让目前大量的财政研究失去了理论基础。在现实中已经出现并将更多出现的现象是，探讨财政行为的理论、制度与历史的论著，不断被人质疑是否属于经济学，一篇研究预算制度及其现实运行的博士论文，经常被答辩委员怀疑是否可授予经济学学位。因此，要解释当前的财政现象、推动财政研究，就不能不去寻找财政的政治理论基础。

2. 培养治国者。财政因国家治理需要而不断变革,国家因财政治理而得以成长。中共十八届三中全会指出:“财政是国家治理的基础和重要支柱,科学的财税体制是优化资源配置、维护市场统一、促进社会公平、实现国家长治久安的制度保障。”财政在国家治理中的作用,被提到空前的高度。因此,财政专业培养的学生,不仅要学会财政领域中的经济知识,而且应该学到相应的政治知识。财政活动是一项极其重要的国务活动,涉及治国方略;从事财政活动的人至关重要,应该得到综合的培养。这一理由,也是当前众多财经类大学财政专业不能被合并到经济学院的原因之所在。

3. 促进政治发展。在 18—19 世纪,在普鲁士国家兴起及德国统一过程中,活跃的财政学派与良好的财政当局曾经发挥了巨大的历史作用。而在当今中国,在大的制度构架稳定的前提下,通过财政改革推动政治发展,也一再为学者们所重视。财政专业的学者,自然也应该参与到这样的理论研究和实践活动中去。事实上也已有不少学者参与到诸如提高财政透明、促进财税法制改革等活动中去,并成为推动中国政治发展进程的力量。

因此,“财政政治学”作为学科提出,可以纠正当前财政研究局限于经济学路径造成的偏颇。包含“财政政治学”在内的财政学,将不仅是一门运用经济学方法理解现实财政活动的学科,而且是一门经邦济世的政策科学,更是推动财政学发展、为财政活动提供指引,并推动中国政治发展的重要学科。

“财政政治学”虽然尚不是我国学术界的正式名称,但在西方国家教学和研究中却有广泛相似的内容。在这些国家中,有不少政治学者研究财政问题,同样有许多财政学者从政治视角分析财政现象,进而形成了内容非常丰富的文献。当然,由于这些国家并没有像中国这样行政主导下的严格学科分界,因而不需要有相对独立的“财政政治学”的提法。相关的研究,略显随意地分布在以“税收政治学”“预算政治学”“财政社会学”为名称的教材或论著中,本译丛提倡的“财政政治学”(fiscal politics)的说法也不少见。

中国近现代学术进步历程表明,译介图书是广开风气、发展学术的不二良方。因此,要在中国构建财政政治学学科,就要在坚持以“我”为主研究中国财政政治问题的同时,大量地翻译国外学者在此领域的相关论著,以便为国内学者从政治维度研究财政问题提供借鉴。本译丛主编选择了这一领域内的多部英文著作，计划分多辑陆续予以翻译和出版。在文本的选择上，大致分为理论基础、现实制度与历史研究等几个方面。首先推出的有《财政理论史上的经典文献》《税收公正与民间正义》《战争、收入和国家构建》《发展中国家的税收与国家构建》《为自由国家而纳税：19 世纪欧洲公共财政的兴起》《信任利维坦：不列颠的税收政治学(1799—1914)》《欧洲财政国家的兴起》等著作。

本译丛的译者，主要为上海财经大学公共经济与管理学院的教师以及已毕业并在高校从事教学的财政学博士，另外还邀请了部分教师参与。在翻译稿酬低廉、译作科研分值低下的今天，我们这样一批人只是凭借着对学术的热爱和纠偏财政研究取向的希望，投身到这一译丛中来。希望我们的微薄努力，能够成为促进财政学和政治学学科发展、推动中国政治进步的涓涓细流。

刘守刚　上海财经大学公共经济与管理学院
魏　陆　上海交通大学国际与公共事务学院
2015 年 5 月

“财政政治学译丛”书目

1.《财政理论史上的经典文献》
理查德·A. 马斯格雷夫，艾伦·T. 皮考克 编　刘守刚，王晓丹 译
2.《君主专制政体下的财政极限——17 世纪上半叶法国的直接税制》
詹姆斯·B. 柯林斯 著　沈国华 译
3.《欧洲财政国家的兴起 1200—1815》
理查德·邦尼 编　沈国华 译
4.《税收公正与民间正义》
史蒂文·M. 谢福林 著　杨海燕 译
5.《国家的财政危机》
詹姆斯·奥康纳 著　沈国华 译
6.《发展中国家的税收与国家构建》
黛博拉·布罗蒂加姆，奥德黑格尔·菲耶尔斯塔德，米克·摩尔 编　卢军坪，毛道根 译
7.《税收哲人——英美税收思想史二百年》(附录：税收国家的危机 熊彼特 著)
哈罗德·格罗夫斯 著　唐纳德·柯伦 编　刘守刚，刘雪梅 译
8.《经济系统与国家财政——现代欧洲财政国家的起源：13—18 世纪》
理查德·邦尼 编　沈国华 译
9.《为自由国家而纳税：19 世纪欧洲公共财政的兴起》
何塞·路易斯·卡多佐，佩德罗·莱恩 编　徐静，黄文鑫，曹璐 译　王瑞民 校译
10.《预算国家的危机》
大岛通义 著　徐一睿 译
11.《信任利维坦：英国的税收政治学(1799—1914)》
马丁·唐顿 著　魏陆 译
12.《英国百年财政挤压政治——财政紧缩·施政纲领·官僚政治》
克里斯托夫·胡德，罗扎那·西玛兹 著　沈国华 译
13.《财政学的本质》
山田太门 著　宋健敏 译
14.《危机、革命与自维持型增长——1130—1830 年的欧洲财政史》
W. M. 奥姆罗德，玛格丽特·邦尼，理查德·邦尼 编　沈国华 译
15.《战争、收入与国家构建——为美国国家发展筹资》
谢尔登·D. 波拉克 著　李婉 译
16.《控制公共资金——发展中国家的财政机制》
A. 普列姆昌德 著　王晓丹 译
17.《市场与制度的政治经济学》
金子胜 著　徐一睿 译
18.《政治转型与公共财政——欧洲 1650—1913 年》
马克·丁塞科 著　汪志杰，倪霓 译
19.《赤字、债务与民主》
理查德·E. 瓦格纳 著　刘志广 译
20.《比较历史分析方法的进展》
詹姆斯·马汉尼，凯瑟琳·瑟伦 编　秦传安 译
21.《政治对市场》
戈斯塔·埃斯平—安德森 著　沈国华 译
22.《荷兰财政金融史》
马基林·哈特，乔斯特·琼克，扬·卢滕·范赞登 编　郑海洋 译　王文剑 校译
23.《税收的全球争论》
霍尔格·内林，佛罗莱恩·舒伊 编　赵海益，任晓辉 译

24.《福利国家的兴衰》

阿斯乔恩·瓦尔 著　唐瑶 译　童光辉 校译

25.《战争、葡萄酒与关税:1689—1900 年间英法贸易的政治经济学》

约翰 V. C. 奈 著　邱琳 译

26.《西方社会中的公共财政(第三卷)——政治经济学的新思维》

理查德·A. 马斯格雷夫 编　王晓丹,王瑞民,刘雪梅 译　刘守刚 统校

27.《财政学手册》

于尔根·G. 巴克豪斯,理查德·E. 瓦格纳 编　何华武,刘志广 译

28.《来自地狱的债主——菲利普二世的债务、税收和财政赤字》

莫里西奥·德里奇曼,汉斯乔亚吉姆·沃斯 著　施诚 译

29.《金钱、政党与竞选财务改革》

雷蒙德·J. 拉贾 著　李艳鹤 译

30.《公共经济学历史研究》

吉尔伯特·法卡雷罗,理查德·斯特恩 编　沈国华 译

31.《牛津福利国家手册》

弗兰西斯·G. 卡斯尔斯,斯蒂芬·莱伯弗里德,简·刘易斯,赫伯特·奥宾格,克里斯多弗·皮尔森 编
杨翠迎 译

32.《西方世界的税收与支出史》

卡洛琳·韦伯,阿伦·威尔达夫斯基 著　朱积慧,苟燕楠,任晓辉 译

33.《经由税收的代议制》

史科特·格尔巴赫 著　杨海燕 译

34.《政治、税收和法治》

唐纳德·P. 雷切特,理查德·E. 瓦格纳 著　王逸帅 译

35.《18 世纪西班牙建立财政军事国家》

拉斐尔·托雷斯·桑切斯 著　施诚 译

36.《美国现代财政国家的形成和发展——法律、政治和累进税的兴起,1877—1929》

阿贾耶·梅罗特 著　倪霓,童光辉 译

37.《另类公共经济学手册》

弗朗西斯科·福特,拉姆·穆达姆比,彼得洛·玛丽亚·纳瓦拉 编　解洪涛 译

38.《财政理论发展的民族要素》

奥汉·卡亚普 著　杨晓慧 译

39.《联邦税史》

埃利奥特·布朗利 著　彭骥鸣,彭浪川 译

40.《旧制度法国绝对主义的限制》

理查德·邦尼 著　熊芳芳 译

41.《债务与赤字:历史视角》

约翰·马洛尼 编　郭长林 译

42.《布坎南与自由主义政治经济学:理性重构》

理查德·E. 瓦格纳 著　马珺 译

43.《财政政治学》

维特·加斯帕,桑吉·古普塔,卡洛斯·穆拉斯格拉纳多斯 编　程红梅,王雪蕊,叶行昆 译

44.《英国财政革命——公共信用发展研究,1688—1756》

P. G. M. 迪克森 著　张珉璐 译

45.《财产税与税收抗争》

亚瑟·奥沙利文,特里 A. 塞克斯顿,史蒂文·M. 谢福林 著　杨海燕 译

46.《社会科学的比较历史分析》

詹姆斯·马奥尼,迪特里希·鲁施迈耶 编　秦传安 译

47.《汉密尔顿悖论》

乔纳森·雷登 著　何华武 译

48.《税收逃逸的伦理学——理论与实践观点》

罗伯特·W. 麦基 编　陈国文 译

49.《税收幻觉——税收、民主与嵌入政治理论》

菲利普·汉森 著　倪霓,金赣婷 译